ANDREA MARIA SCHENKEL

RICHTET SIE HIN!

HISTORISCHE FÄLLE

KAMPA

Für den Blick hinter die Verlagskulissen:
www.kampaverlag.ch/newsletter

Copyright © 2024 by Kampa Verlag AG, Zürich
www.kampaverlag.ch
Covergestaltung: Lara Flues, Kampa Verlag
Covermotiv: © istock / nycshooter
Satz: Tristan Walkhoefer, Leipzig
Gesetzt aus der Stempel Garamond LT / 240130
Druck und Bindung: GGP Media GmbH, Pößneck
Auch als E-Book erhältlich
ISBN 978 3 311 12071 1

Inhalt

Die Schwarze Hand

Am Dienstag, den 9. August 1904, betritt gegen 21 Uhr ein sichtlich aufgeregter Mann die Polizeistation in der Amity Street in Brooklyn. Sein Name ist Vincenzo Mannino. Mannino ist Bauunternehmer und lebt mit seiner Familie nur einen Steinwurf vom Revier entfernt. Er berichtet den Beamten, sein achtjähriger Sohn Antonio, genannt Toni, sei verschwunden. Wie alle Kinder des Viertels habe er draußen gespielt, am Abend sei er jedoch nicht zur vereinbarten Zeit nach Hause gekommen. Stattdessen sei kurz darauf ein Zettel mit einer Lösegeldforderung gefunden worden. 500 Dollar werden für die unversehrte Rückkehr des Kindes verlangt. Die Summe ist beachtlich, mehr als das durchschnittliche Jahreseinkommen eines Büroangestellten zu dieser Zeit. Für die Manninos ist das Geld das geringere Problem. Was sie in Aufregung versetzt, ist der Umstand, dass die Lösegeldforderung von der Schwarzen Hand unterschrieben wurde.

Bereits seit dem 18. Jahrhundert treibt die Schwarze Hand im südlichen Italien ihr Unwesen. Fast immer wurde die Entführung wohlhabender Bürger in einem Erpresserbrief angekündigt, die Forderung mit einem bluttropfenden Dolch, einem von einem Messer durch-stoßenen Herzen, einem Totenkopf oder einer schwar-zen Hand unterschrieben. Manchmal genügten auch drei schwarze Kreuze, und der Adressat wusste, was er zu tun hatte: Wurde bezahlt, war der Fall erledigt, es gab keine Entführung und niemand kam zu Schaden. Viele arme Süditaliener sahen diese Zahlungen als ausglei-chende Gerechtigkeit: Eine reiche Elite unterstützte mit diesem Obolus die Mittellosen und in Not Geratenen der Gemeinde. Beide Seiten wussten, wo die Grenze lag, und respektierten sie weitestgehend.

Im Jahr 1880 begann die große Auswanderungswelle. Insgesamt 13 Millionen Menschen verließen Italien bis 1914 und verstreuten sich über den ganzen Globus. Am Höhepunkt der Welle, zwischen 1900 und 1914, wan-derten allein drei Millionen Italiener auf der Suche nach Arbeit und einem besseren Leben in die USA aus. Fast alle stammten sie aus dem verarmten Süden.

Auch die Urgroßeltern meines Partners waren unter ihnen. Sie verließen San Sosti, ein kleines Dorf in Kala-brien. Anfang zwanzig und verheiratet, waren sie bereit, in den USA ein neues Leben zu beginnen. Bis zu ihrem Tod sprach die Urgroßmutter meines Partners nur Ita-lienisch, es war, als hätte sie die alte Heimat nie verlas-sen. Auch sein Großvater, der 1905 in den USA geboren wurde, sprach die ersten sechs Jahre seines Lebens kein Wort Englisch. Er lernte es in der Schule, fand sich immer mehr zurecht und heiratete später Octavia, ein Mädchen mit irisch-schottischen Vorfahren – ein Skandal für die Familie. Durch die Audiokassetten, die er seinen Enkeln hinterließ, hörte ich von dem Leben der italienischen

Auswanderer zu Beginn des 20. Jahrhunderts. Auch wenn der Großvater meines Partners in San Francisco und nicht in New York aufwuchs, sind die Bedingungen vergleichbar. In seinen Aufzeichnungen erzählte er auch von der Schwarzen Hand, die mit den Auswanderern in die neue Welt gelangte. Wie in der alten Heimat waren ihre Opfer zunächst ausschließlich italienischstämmige Immigranten, die es geschafft hatten, Fuß zu fassen und einen gewissen Wohlstand zu erlangen. Doch was in Italien funktioniert hatte, veränderte sich in den USA. Es genügte nicht mehr, eine Entführung anzukündigen, um die Opfer zur Zahlung zu bewegen. In den USA musste weit mehr Druck ausgeübt werden. Aus einer stillschweigenden gesellschaftlichen Übereinkunft wurde eine gewalttätige kriminelle Machenschaft.

Anders als die sizilianische Mafia, die Cosa Nostra, hatte die Schwarze Hand keine hierarchischen Strukturen. Es waren meist Einzeltäter oder kleinere Gruppen, die geschickt die Angst der Opfer ausnutzten. Ab 1904 wurden immer mehr und immer gewalttätigere Vergehen mit ihr in Verbindung gebracht. Die Schwarze Hand schien allgegenwärtig zu sein, und die Presse stürzte sich darauf. Es entstand der Mythos der Mano Nera. Auch die Cosa Nostra erkannte das Potenzial und begann nun ihrerseits, sich den Ruf der Schwarzen Hand zunutze zu machen. Irgendwann vermischten sich die Grenzen so sehr, dass am Ende jeder italienische Einwanderer unter Generalverdacht stand.

Wie die Urgroßeltern meines Partners sprachen die meisten italienischen Einwanderer den Dialekt ihrer Heimat, nur eine Minderheit konnte sich auf Englisch verständigen. Viele von ihnen wollten nur so lange in den USA bleiben, bis sie genügend Geld beisammenhatten. Die Rate der Rückkehrer lag bei 25 %. Die Neuankömmlinge lebten in italienischen Vierteln, kauften in italienischen Geschäften ein, arbeiteten für italienische Arbeitgeber. Bei der Polizei gab es lange Zeit keinen einzigen Beamten mit italienischen Wurzeln, keinen, der sich in den italienischen Nachbarschaften auskannte oder dort verständigen konnte, keinen, an den sich die Bürger dieser Viertel wenden konnten. Es entstand eine Gesellschaft in der Gesellschaft.

Giuseppe »Joe« Petrosino war der erste italienischstämmige Beamte des New York Police Departement. Auch er war aus Italien eingewandert, und anders als die meisten seiner Landsleute sprach er sowohl Englisch als auch Italienisch akzentfrei. Zudem beherrschte er über zwanzig verschiedene italienische Dialekte. Petrosino war am 30. August 1860 in dem kleinen Ort Padula zur Welt gekommen. Als Zwölfjähriger hatte er Italien verlassen, um mit seinem Vater in Le Havre an Bord der Denmark nach Amerika auszuwandern. Nach einer dreiwöchigen Überfahrt erreichten sie am 8. November 1872 New York. Über Castle Garden an der Südspitze Manhattans reisten sie in die USA ein. Das Immigrationszentrum auf Ellis Island existierte zu diesem Zeitpunkt noch nicht, es wurde erst 1890 errichtet. In New York lebte Petrosino mit seinem Cousin bei seinem Großvater. Sein Vater arbeitete den ganzen Tag und konnte sich nicht um den Sohn kümmern. Als der Großvater bei einem Verkehrsunfall ums Leben kam, sollten die beiden Kinder in einem Waisenhaus untergebracht werden. Dem irischstämmigen Richter taten die Jungen jedoch leid, und er nahm sie vorübergehend bei sich auf, bis 1874 auch der Rest ihrer Familie nach New York auswanderte. Nach Beendigung seiner Schulzeit brachte sich Petrosino zunächst als Schuhputzer durch. Am 19. Oktober 1883 trat er in den Polizeidienst ein. Für den nur 1,60 Meter großen und untersetzten Petrosino wurde eine Ausnahme bei den strengen Größenanforderungen gemacht, so dringend brauchte die New Yorker Polizei Beamte, die sich mit dem wachsenden Heer der Einwanderer verständigen konnten.

Der junge und ehrgeizige Petrosino fiel Theodore Roosevelt, dem damaligen Leiter der New Yorker Polizeibehörde und späteren Präsidenten, auf. Roosevelt beförderte ihn zum Detective Sergeant und zum Leiter der Mordkommission. Der Höhepunkt seiner Karriere sollte jedoch die Leitung des 1908 in Leben gerufenen Italian Squad zur Bekämpfung der organisierten Kriminalität sein. Petrosino war bekannt für seine Verkleidungen, er trat als Geschäftsmann, als Priester, als Arbeiter auf. Seine Sprachgewandtheit half ihm dabei. Für seine Erfolge wurde er von der Presse gefeiert. Bald kannte jedes Kind den kleinen, ernst blickenden Mann mit der Melone aus den Zeitungen. Als der italienische Opernsänger Enrico Caruso einen Erpresserbrief der Schwarzen Hand erhielt, in dem ihm mit dem Tod gedroht wurde, war es der Opernliebhaber Petrosino, der den berühmten Sänger überzeugte, mit der Polizei zusammenzuarbeiten. Bei der geplanten Geldübergabe wurden die Hintermänner gefasst. Auch an der Untersuchung zum Entführungsfall des achtjährigen Toni, der am Abend des 9. August 1904 nicht nach Hause gekommen war, war Petrosino beteiligt.

Auf der Polizeistation in der Amity Street berichtet Tonis Vater Vincenzo Mannino den Polizisten zunächst von einem Vorfall, der sich am Vortag ereignet hatte. Seine Schwiegermutter Maria Pincello war am Montagnachmittag mit der Fähre von Manhattan nach Brooklyn zurückgekommen. An der Anlegestelle traf sie auf ihren Enkel Toni. Der war in Begleitung des mehr als doppelt so alten Angelo Cucozza, ein ehemaliger Arbeiter in Manninos Bauunternehmen. Ihr kam das ungleiche Paar seltsam vor, und sie sprach die beiden an. Toni und Cucozza konnten keine zufriedenstellende Erklärung für ihre Anwesenheit an der Fährstation geben. Ganz fürsorgliche Nonna, nahm Pincello daraufhin ihren Enkel bei der Hand und lieferte ihn zu Hause ab.

Auf Nachfrage seiner Eltern berichtete der Junge, Cucozza habe ihm 50 Cent angeboten, wenn er mit nach Manhattan fahren würde. Der 18-Jährige habe Toni gesagt, er müsse dort einen Behördengang erledigen und bräuchte dringend einen Übersetzer. Da er Cucozza kannte und dieser ihm versprach, ihn rechtzeitig wieder nach Hause zurückbringen, willigte Toni ein. Mit dieser Erklärung war die Angelegenheit erledigt, und niemand schenkte dem Ganzen mehr Beachtung.

Als Toni am darauffolgenden Tag auch nach Einbruch der Dunkelheit nicht vom Spielen nach Hause kommt, aber dafür ein Brief mit einer Lösegeldforderung auftaucht, bekommen die Manninos Angst. Sofort wird von den Beamten die Suche nach dem Kind eingeleitet.

Die Nachricht seines Verschwindens verbreitet sich wie ein Lauffeuer.

Wenig später meldet sich der Inhaber eines Süßwarenladens: Toni war am Dienstagnachmittag in seinem Geschäft in unmittelbarer Nähe des Elternhauses an der Ecke Amity und Emmett Street, Brooklyn. Er habe eine Limonade und Süßigkeiten gekauft. Nach Aussage des Ladenbesitzers habe ihm das Kind erzählt, die Sachen seien für ihn und seinen Freund. Den Einkauf bezahlte der Junge mit einer silbern glänzenden 50-Cent-Münze. Dem Inhaber war ein junger Mann aufgefallen, der vor dem Geschäft auf Toni wartete. Der Beschreibung nach hätte es Cucozza sein können. Der Zeuge habe noch gehört, wie der Unbekannte zu dem Kind sagte: »Komm schon, Toni. Es wird Zeit für uns zu gehen.« Danach liefen beide die Straße hinunter Richtung Fähre. Seither hatte sie keiner gesehen.

Tonis Vater begibt sich in Begleitung zweier Polizisten zum Anleger, in der vagen Hoffnung, Cucozza habe tatsächlich die Fähre über den East River genommen und würde früher oder später dort wieder auftauchen. Gegen ein Uhr morgens ist der Gesuchte tatsächlich unter den Passagieren. Noch an Ort und Stelle wird er verhaftet und mit aufs Revier genommen. Zunächst schweigt er beharrlich. Er wisse von nichts, und Toni kenne er nur vom Sehen aus der Zeit, als er für dessen Vater gearbeitet habe. Erst als er mit der Aussage des Ladeninhabers konfrontiert wird und ihm keine andere Möglichkeit bleibt, gibt Cucozza zu, mit dem Kind nach Manhattan gefahren zu sein. Nun tischt er den Beamten eine neue Geschichte auf: Er sei vor ein paar

Tagen von zwei ihm unbekannten Männern in Brooklyn angesprochen worden. Diese sahen vertrauenswürdig aus, und er unterhielt sich eine Weile mit ihnen. Es sei eine entspannte Atmosphäre gewesen, sie machten Scherze, und alle lachten und verstanden sich gut. »Wie es halt so ist.« Die Männer stellten ihm zwei Dollar in Aussicht, wenn er Manninos Sohn nach Manhattan bringen würde. Zunächst hielt er die Sache für einen Scherz, die Unbekannten ließen jedoch nicht locker: Alles sei ganz harmlos, er habe nichts zu befürchten. Als Cucozza versichert wurde, dass Toni nichts passiere, willigte er ein. Ein Mann würde am Montag in der Nähe von Tonis Elternhaus auf ihn und den Jungen warten. Ihm wurde eingeschärft, er sollte den Fremden nicht ansprechen und auch sonst keinen Kontakt zu ihm aufnehmen. Alles, was er zu tun habe, sei, diesem Unbekannten zu folgen. Cucozza habe sich nichts dabei gedacht und nur das leicht verdiente Geld gesehen. Der Deal platzte, als die Großmutter des Jungen die beiden an der Anlegestelle sah. Er gab zu, enttäuscht gewesen zu sein, da ihm nun das Geld durch die Lappen ging. Gleichzeitig war er aber auch erleichtert, da er glaubte, die Angelegenheit hätte sich nun erledigt. Den Polizisten gegenüber ließ er durchblicken, dass ihm das Ganze doch etwas seltsam vorgekommen war.

Am Tag darauf tauchte jedoch einer der beiden Männer erneut bei ihm auf. Dieses Mal verlief die Begegnung nicht so freundschaftlich. Der Mann drohte, wenn es ihm nicht gelingen sollte, Toni noch am selben Abend nach Manhattan zu bringen, würde es böse für ihn enden. Die Drohung erschien Cucozza durchaus real, und aus Angst ließ er sich erneut darauf ein. Wieder habe er das Kind angesprochen. Er ist mit ihm zum Süßwarenladen gegangen. Von dort habe er den Jungen zur Fähre gebracht. In Manhattan lieferte er ihn in einer Wohnung in der obersten Etage eines Mietshauses ab. Nach Cucozzas Aussagen war es in der 39th Street zwischen der Second und Third Avenue. Danach hielt er sich noch eine Weile in Manhattan auf und ist dann gegen Mitternacht mit der Fähre zurück nach Brooklyn. Dort angekommen, sei er den Beamten in die Arme gelaufen. Seinen Lohn, die versprochenen zwei Dollar, habe er nicht bekommen.

Die Polizisten fahren mit Cucozza nach Manhattan. Er soll ihnen das Haus zeigen. Hier ist der sich plötzlich nicht mehr sicher. Alles sehe so gleich aus. In der ersten durchsuchten Wohnung lebt ein irischer Einwanderer mit seiner Familie. Schnell stellt sich heraus, dass er mit der Angelegenheit nichts zu tun haben kann. Auch die Suche in den benachbarten Gebäuden bleibt erfolglos. Von Toni keine Spur. Wieder in Brooklyn und erneut von den Polizisten befragt, verstrickt sich Cucozza in Widersprüche. Er sagt, er sei nicht oft in Manhattan und habe sich womöglich in der Gegend geirrt.

Die Beamten kommen nicht weiter, Cucozza wird dem Untersuchungsrichter am Butler Street Court vorgestellt. Dort bekennt er sich der Entführung schuldig, verweigert aber hartnäckig jede weitere Aussage. Als er aus dem Gerichtssaal ins Untersuchungsgefängnis abgeführt werden soll, stellt sich Giuseppe Sigretti, Manninos Geschäftspartner, dem Verdächtigen in den Weg. Die Beamten schreiten nicht ein und lassen Sigretti gewähren. Der spricht mit gedämpfter Stimme, redet unablässig auf Italienisch auf Cucozza ein.

Sigretti verspricht hundert Dollar, wenn Cucozza verrät, wo er den Jungen abgeliefert habe. Dieser blockt zunächst ab. Sigretti lässt nicht locker, bis der Verdächtige gesteht, dass alles bisher Erzählte nicht ganz der Wahrheit entspräche. Er habe Angst, darüber zu sprechen, da die anderen an der Entführung Beteiligten ihn dann töten würden. Er sei nicht alleine gewesen, den ganzen Weg bis zu dem Haus, in das er Toni gebracht habe, sei ihnen ein kleiner, kräftiger Italiener gefolgt. Dieser habe ihm zugerufen, wann er nach rechts oder links abbiegen oder in eine Straßenbahn einsteigen solle. Cucozza habe sich an diese Anweisungen gehalten. Sie seien eine halbe Ewigkeit im Zickzack durch die Stadt gelaufen. Schließlich habe ihm der geheimnisvolle Führer zu verstehen gegeben, dass er an einer Straßenecke stehen bleiben und warten solle. Er habe getan, was von ihm verlangt wurde. Kurz darauf kam ein weiterer Mann hinzu, und gemeinsam sind sie in die oberste Etage eines nahe gelegenen Mietshauses gebracht worden. In der Wohnung hätten sie eine Frau vorgefunden. Es machte auf ihn den Eindruck, als hätte sie sie bereits erwartet. Cucozza wurde aufgefordert, den Jungen zurückzulassen, und die beiden Männer hätten ihn dann wieder durch das Treppenhaus auf die Straße gebracht. Unten angekommen, habe ihm der Kleinere der beiden ins Ohr gezischt, er solle so schnell er kann verschwinden. »Fahr direkt nach Brooklyn zurück. Wenn du jemals hierher zurückkommst oder der Polizei auch nur ein Wort darüber sagst, wohin du den Jungen gebracht hast, kannst du dir sicher sein, dass wir dich töten werden.« Der 18-Jährige zweifelte keinen Augenblick daran, dass die Unbekannten diese Drohung in die Tat umsetzen würden.

Nach dieser Aussage wird Cucozza erneut nach Manhattan gebracht. Dieses Mal führt er die Beamten zu einem ausschließlich von Italienern bewohnten Haus in der 317 E 39th Street. Die Wohnung mit der Nummer 16 in der obersten Etage gehört einem Mann namens Francisco Corneglio. Der arbeitet für die Long Island Railroad. Neben ihm leben dort noch seine Frau und ein Untermieter. Sowohl Corneglio als auch seine Frau versichern, mit der Sache nichts zu tun zu haben. Cucozza besteht darauf, es sei die Wohnung und es seien auch die Personen, bei denen er den Jungen abgeliefert habe. Der kleine Italiener, der ihm den Weg gezeigt habe, sei allerdings nicht unter ihnen. Alle in der Wohnung Anwesenden inklusive des Untermieters werden verhaftet und nach Brooklyn gebracht. Von Toni fehlt weiterhin jede Spur.

Zwischenzeitlich trifft ein weiteres Schreiben der Entführer bei den Manninos ein: Dem Jungen gehe es gut. Wenn die Eltern wollen, dass dies auch so bleibe, sollen sie sich von der Polizei fernhalten und auf neue Anweisungen warten. Wie die erste Nachricht ist auch diese von der Schwarzen Hand unterschrieben.

Die nächsten Tage bringen keine weiterführenden Erkenntnisse: Die vier Verdächtigen bleiben in Haft, die Polizei sucht nach Hinweisen, in der Presse wird ausführlich über den Fall berichtet. In Brooklyn weichen Sigretti und seine Frau nicht von der Seite der Manninos. Der Geschäftspartner wird mehr und mehr zum Sprecher der Familie. Bei ihm laufen alle Fäden zusammen:

Er informiert die Journalisten, schirmt die Eltern vor Neugierigen ab, begleitet Tonis Vater zur Polizei, ist bei allen Ortsbegehungen zur Stelle.

Je länger das Kind verschwunden ist, umso verzweifelter werden die Eltern. Dennoch gibt Mannino die Hoffnung nicht auf, seinen Sohn lebend wiederzusehen. Seine Frau hingegen verfällt zusehends in Trauer und Depressionen. Sie glaubt, die Männer haben Toni längst getötet.

Weitere Schreiben der Kidnapper tauchen auf. Am Ende sind es vier. Zwei wurden in Manhattan aufgegeben, zwei kommen aus der Gegend um Boston in Massachusetts. Die Polizei erhält schließlich mehrere anonyme Hinweise zu einem Mann namens Vito Laduca. Er soll der Drahtzieher der Entführung sein. Doch keiner der Zeugen will gegen ihn aussagen. Laduca ist alles andere als ein unbeschriebenes Blatt, schon mehrfach ist er in Verdacht geraten, in kriminelle Machenschaften verstrickt zu sein. Als sein Name mit dieser Entführung in Zusammenhang gebracht wird, läuten bei Petrosino und seinen Männern sofort die Alarmglocken.

Laduca hält sich seit 1902 in den USA auf. Bereits im Jahr darauf war er einer der Hauptverdächtigen im Barrel-Murder-Case. Der Fall hatte 1903 die ganze Stadt in Aufruhr gehalten. In einem Fass war die schrecklich zugerichtete Leiche eines Kriminellen gefunden worden. Laduca stand im Verdacht, an dem Mord beteiligt gewesen zu sein, ihm konnte aber nichts nachgewiesen werden. Ein Zigarettenstummel bei der Leiche führte Petrosino und sein Team schließlich zu Giuseppe Morello, dem Kopf der berüchtigten Morello-Bande. Morello wurde vor Gericht gestellt, und Laduca hat seinen Hals in letzter Sekunde aus der Schlinge gezogen. Seit einiger Zeit betreibt Laduca gemeinsam mit seiner Frau einen Fleischerladen in Brooklyn. Als die Beamten dort nach ihm suchen, ist er bereits untergetaucht.

Mittlerweile ist mehr als eine Woche vergangen, und die Ermittlungen scheinen sich im Kreis zu drehen. Das Verhältnis der Manninos zur Polizei verändert sich. Waren sie anfangs fast begierig darauf, mit den Beamten zusammenzuarbeiten, verhalten sie sich plötzlich abweisend. Besonders Tonis Vater distanziert sich. Auch die Allianz zwischen Mannino und seinem Geschäftspartner Sigretti scheint sich aufzulösen. Die ermittelnden Beamten hören von Streitigkeiten. Mannino ist bereit, auf jede Forderung der Entführer einzugehen. Sigretti hingegen soll eine Lösegeldzahlung grundsätzlich ablehnen. Gegenüber einem Zeugen sagt er, ihm sei es lieber, das Lösegeld in Blei statt in Gold zu bezahlen.

Und dann kommt das Unerwartete: Am Samstag, den 20. August 1904, gegen 3 Uhr morgens läuft Toni zufällig dem Cousin seines Vaters über den Weg. Salvatore Mannino sagt aus, er habe das Haus nachts noch einmal verlassen, da er nicht schlafen konnte, und da sei das Kind die Straße entlanggegangen.

Hatte sich die Polizei vom Auftauchen des Kindes Klarheit erhofft, wird ab diesem Tag alles nur noch undurchsichtiger. Toni berichtet, er sei, nachdem Cucozza ihn zurückgelassen hatte, in eine andere Wohnung verbracht worden. Diese habe sich in der obersten Etage in einem Haus in der Gegend der 106th Street befunden. Laut seinen Aussagen waren zwei Männer und eine große, dunkel gekleidete Frau bei ihm. Sie haben ihm Essen gegeben und ihn meist gut behandelt. Am Freitagabend ließen sie ihn dann plötzlich frei. Er ist in die Straßenbahn in der 106th Street gestiegen und danach mit der Fähre nach Brooklyn gefahren. Allein und ohne Begleitung. Keiner der ermittelnden Polizisten glaubt Toni. Einer der leitenden Beamten sagt gegenüber der Presse: »Ich kann nicht glauben, dass der Junge ausgerechnet dem Cousin seines Vaters zufällig begegnet ist, und ich habe weitere Informationen darüber, dass der Junge nicht allein auf der Fähre war.« Ein Informant habe das Kind mit mindestens fünf Männern bei der Überfahrt gesehen, und er sei nicht der Einzige gewesen, der dies der Polizei gegenüber bestätigt habe.

Die Familie mauert, und die Beamten bekommen fast keine Chance, mit dem Kind zu sprechen. Tonis Vater lässt den Jungen nicht aus den Augen. Bei jeder Befragung ist er anwesend. Toni soll die Verdächtigen identifizieren. Ihm soll eine Fotografie des untergetauchten Vito Laduca vorgelegt werden, um zu klären, ob dieser in die Sache verwickelt sei. Die Polizei will auch wissen, ob es sich bei Francisco Corneglio, dessen Frau oder deren Untermieter um jene Personen handelt, bei denen Angelo Cucozza das Kind zurückgelassen hat. Doch ehe Toni bei einer anberaumten Gegenüberstellung einen Blick auf die Verdächtigen werfen kann, stellt sich sein Vater dazwischen. Mit strenger Miene ermahnt er seinen Sohn: »Du kennst diese Personen nicht, oder?« Ein sichtlich eingeschüchterter Toni sagt daraufhin, er habe die Leute noch nie gesehen. Einzig an Cucozza erinnert er sich.

Auch eine Ortsbegehung wird zur Farce. Als alle gemeinsam mit den Polizeibeamten nach Manhattan aufbrechen, werden sie von Passanten erkannt. Eine immer größer werdende Menschenmenge folgt ihnen von der South Ferry über die Houston Street zur 39th Street und dann weiter bis hinauf nach Harlem zur 106th Street. Den Polizisten bleibt am Ende nur der Weg über die Dächer, um die Neugierigen abzuschütteln. Als sich die Lage zu beruhigen scheint, sieht es so aus, als würde auch die Untersuchung endlich Fortschritte machen. Toni erwähnt gegenüber den Beamten, dass er die Gegend wiedererkenne. Seinem Vater gefällt diese Aussage überhaupt nicht, und wie aus dem Nichts zieht Mannino plötzlich einen Onkel aus dem Hut. Es sei völlig klar, dass der Junge die Gegend kenne, besagter Onkel wohne in der 238 E 108th Street in der obersten Etage. Daher, und nur daher, käme seinem Sohn der Ort bekannt vor. Er selbst habe seinen Sohn zu einem Besuch mitgenommen. Die Frage der Beamten, warum er diesen Umstand erst jetzt erwähne, lässt Mannino unbeantwortet. Dafür nennt er den Namen des »Onkels«: Calogero Constantino. Constantino ist ein kleiner, untersetzter dunkelhaariger Mann mit Kotteletten. Die optische Übereinstimmung Constantinos mit der Beschreibung des Mannes, der Cucozza bei der Entführung den Weg gewiesen haben soll, ist verblüffend. Als die Beamten Toni zur Situation eingehender befragen möchten, wird dies von seinem Vater verweigert. Toni sei erschöpft und verwirrt, er müsse sich erst erholen.

Auch in den nächsten Tagen wird jeder Kontakt mit dem Kind unterbunden. Die ermittelnden Beamten sind frustriert, sie befürchten, der Junge könnte mit der verstreichenden Zeit entscheidende Einzelheiten vergessen. Einem Reporter gegenüber sagt einer der Ermittler: »Ich bin davon überzeugt, dass Mannino ein falsches Spiel spielt. Der Junge ist zweifellos vorbereitet worden. Er weiß genau, was er sagen darf und was nicht.«

Als der Vater endlich einer weiteren Befragung zustimmt, ist es Petrosino, der Leiter der Abteilung, der mit dem Jungen spricht. Mannino ist auch dieses Mal im Raum und lässt das Kind nicht aus den Augen.

Petrosino fragt Toni: »Wer hat dir gesagt, dass du nichts erzählen sollst, mein Junge?«

Das Kind ist verunsichert. Er blickt zu seinem Vater und fragt nach: »Was meinen Sie damit?«

Petrosino antwortet: »Ich meine nicht deinen Vater. Haben die Kidnapper gesagt, du sollst nichts sagen?«

Toni ist überrascht. Mannino nickt als Zeichen der Zustimmung. Erst danach antwortet das Kind: »Oh … die Kidnapper … ja. Die Frau hat mir gesagt, ich darf niemandem davon erzählen oder sie würden mich töten.«

Auf Petrosinos Nachfrage, wie die Frau denn ausgesehen habe, sagt er wie schon zuvor: »Es war eine große, schwarz gekleidete Frau.« Dabei macht er mit den Armen eine Geste, als würde die Frau bis hinauf zur Zimmerdecke reichen. Sofort beendet der Vater die Befragung.

Der Verdacht, Mannino sei auf die Lösegeldforderung der Entführer eingegangen, erhärtet sich. Tonis Vater bestreitet dies vehement. Immer mehr Hinweise deuten jedoch darauf hin: Ein Polizeispitzel will gesehen haben, wie ein Mann nach Einbruch der Dunkelheit nur wenige Stunden vor der Freilassung des Kindes in Tonis Elternhaus geschlichen war. Als der Unbekannte das Haus kurz darauf wieder verließ, folgt er ihm, bis er den Mann an der 106th Street in Manhattan aus den Augen verlor. Bei der Polizei meldet sich eine Zeugin. Die Frau möchte nicht genannt werden. Die Zeitungen schreiben von der gut gekleidete Gattin eines örtlichen italienischen Bauunternehmers. Es wird darüber spekuliert, ob es sich dabei um die Ehefrau Sigrettis gehandelt haben könnte. Die Zeugin bestätigt, dass eine Lösegeldforderung über die Summe von 500 Dollar bezahlt wurde. Eine der Bedingungen, das Kind freizulassen, war, nicht mehr mit der Polizei zusammenzuarbeiten.

Sigretti, der Partner Manninos, der sich gegen diese Zahlung ausgesprochen hatte und der in den Tagen vor der Freilassung des Jungen ständig im Haus der Familie gesehen wurde, ist plötzlich nicht mehr erreichbar. Durch einen Mittelsmann lässt er ausrichten, er befände sich mit seiner Frau auf Reisen. Sein genauer Aufenthaltsort ist unbekannt. Die Ermittlungen scheinen festzustecken, und mehrere Monate geschieht fast nichts.

Am 3. Oktober 1905 kommt es zu einer überraschenden Wendung. Vito Laduca wird in Baltimore von einem Ermittler aus Petrosinos Team verhaftet. Laduca hatte es geschafft, über ein Jahr abzutauchen, und wird nun neben anderen Delikten auch für seine Beteiligung an der Entführung Toni Manninos angeklagt und vor Gericht gestellt.

Im Laufe der Untersuchung hatte sich herausgestellt, dass Tonis Vater Verbindungen zur Morello-Bande unterhielt. Bereits 1903 hatte er großzügig zur Unterstützung der Bande im berüchtigten Barrel-Murder-Prozess gespendet. Mit seinen Zuwendungen wurde ein Teil der Anwaltskosten finanziert. Ob er dies freiwillig tat oder gezwungen wurde, konnte nie festgestellt werden. Laduca, ein ehemaliges Mitglied der Morello-Bande, wurde im damaligen Prozess aus Mangel an Beweisen vom Vorwurf, an der Tat beteilig gewesen zu sein, freigesprochen. Drei Jahre später plante Laduca gemeinsam mit dem angeblichen Onkel Manninos, Calogero Constantino, und weiteren Mitgliedern der Morello-Bande die Entführung Toni Manninos. Wie sich herausstellte, war Angelo Cucozza ein Neffe Laducas. Der unter starkem Heimweh leidende 18-Jährige war als Lockvogel mit dem Versprechen angeheuert worden, ihm würde mit seinem Anteil am Lösegeld die Reise nach Italien gezahlt werden. Laduca wurde zu einer Gefängnisstrafe verurteilt und abgeschoben. Ebenso wie Cucozza. Alle anderen kamen mit einer Bewährungsstrafe davon.

Für die ermittelnden Polizisten, allen voran für Petrosino, stand bereits früh fest, dass das wahre Motiv für die Entführung in der Familie Mannino und deren im Laufe der Untersuchung immer deutlicher werdenden Verbindung zur Morello-Bande zu suchen war. Nach der überraschenden Freilassung Tonis und dem abweisenden Verhalten Manninos der Polizei gegenüber erhärtete sich Petrosinos Verdacht. Manninos Geschäftspartner Sigretti wollte mit diesen kriminellen Strukturen nichts zu tun haben. Er wollte darum verhindern, dass das Lösegeld bezahlt wurde, und scheiterte letztlich mit diesem Vorhaben.

Petrosino und seine Männer glaubten, dass der Kampf

gegen das organisierte Verbrechen nur dann erfolgreich sein konnte, wenn auch die Strukturen in Italien näher untersucht werden. Wer bereits in der alten Heimat mit dem Gesetz in Konflikt geraten ist, wie Vito Laduca und Calogero Constantino, sollte ausfindig gemacht und bei erneuter Straffälligkeit leichter abgeschoben werden können. Nur so, glaubten sie, könnte die Bildung krimineller Strukturen unterbunden werden.

1909 reiste Petrosino darum in geheimer Mission nach Italien. Kurz nach seiner Ankunft in Rom bemerkte er, dass er verfolgt wurde. Er erzählte einem Freund, dass er den Mann, der ihn beschattete, aus New York kannte. Petrosino beobachtete, wie der Unbekannte in ein Telegraphenbüro ging. Er nahm an, der Mann würde von dort aus seine Komplizen über Petrosinos Ankunft informieren. Er sollte mit dieser seiner Annahme recht behalten.

Wenige Tage später reiste Petrosino nach Palermo. Am 12. März 1909, kurz nach seiner Ankunft, wurde er von einem Informanten zu einem nächtlichen Treffen auf der Piazza Marina eingeladen. Der Mann hatte ihm wichtige Informationen über das organisierte Verbrechen in Italien und dessen Kontakte in die USA versprochen. Ehe Petrosino sein Hotelzimmer verließ, verfasste er noch eine Nachricht an seine Frau. Darin berichtete er ihr von den schwierigen Umständen in Italien und dass er glaubte, seine Mission sei verraten worden. Danach schlüpfte er in Hut und Mantel und ging hinunter auf die Piazza. Während er auf seinen »Informanten« wartete, wurde er von zwei Angreifern ins Gesicht geschossen. Er soll noch einen Schuss auf die Attentäter abgefeuern haben, ehe er zusammenbrach. Petrosino verstarb am Tatort.

Zur gleichen Zeit befanden sich auch Constantino, der angebliche Onkel Manninos, und Antonio Passananti, ein weiteres Mitglied der Morello-Bande, in Palermo. Während Petrosino von New York nach Rom gefahren war, befanden sich Constantino und Passananti auf einem anderen Schiff auf dem Weg nach Sizilien. Kurz nach seiner Ankunft schickte Constantino ein Telegramm an Giuseppe Morello in New York: »Ich LoBaido arbeite in Fontana.« Der Text des Telegramms scheint wenig Sinn zu ergeben. Es handelt sich vermutlich um eine verschlüsselte Nachricht, die Morello darüber informierte, dass Constantino in Palermo eingetroffen ist und auf die Ankunft Petrosinos wartet. Und tatsächlich: Wenig später wurde Petrosino, der Morello hinter Gitter gebracht und gegen Constantino wegen dessen Beteiligung an der Entführung Toni Manninos ermittelt hatte, in Palermo ermordet.

Nach der Tat erstellte der zuständige Polizeikommissar von Palermo eine Liste der möglichen Täter. Constantino war einer der drei Hauptverdächtigen. In seinem Bericht erwähnte der Beamte sowohl das mysteriöse Telegramm als auch dass Constantino zusammen mit Passananti in der Nähe des Tatorts gesehen wurde. Beide waren sogar von der Polizei vernommen worden. Ihre Aussagen waren aber widersprüchlich, und Passananti verschwand kurz nach dem Mord. Trotz all dieser Zufälle wurde nicht weiter gegen Constantino ermittelt. Unbehelligt kehrte er in die USA zurück und wurde 1932, aufgrund des Verdachts weiterer krimineller Machenschaften, nach Italien abgeschoben. Dort angekommen, wurde er von den Faschisten in ein Arbeitslager auf der Insel Lampedusa interniert. Nach seiner Entlassung starb er in Palermo an den Folgen einer Syphilis. Passananti, der sich mit Constantino in der Nähe des Tatorts aufgehalten hatte, nahm sich nach einer langen kriminellen Laufbahn 1969 durch einen Kopfschuss das Leben.

Nicht zuletzt durch den Mord an Petrosino hielt sich der Mythos der Schwarzen Hand hartnäckig in den Zeitungen. Am Höhepunkt der Welle, 1911, wurden in New York 600 Tötungsdelikte in ihrem Namen verübt. Glaubt man den Ermittlern, wurden viele der Taten von Leuten ausgeführt, die gezielt die Panik um die Mano Nera ausnutzten. Die Abbildung einer Schwarzen Hand auf einem Zettel reichte schließlich aus, um den Empfänger in Angst und Schrecken zu versetzen. Die Cosa Nostra war zu einem der Hauptakteure in diesem Spiel geworden.

Dementia Americana

Am Montag, den 25. Juni 1906, wird kurz vor 23 Uhr der New Yorker Stararchitekt Stanford White während der Premiere des Musicals *Mam'zelle Champagne* auf der Dachterrasse des von ihm entworfenen Madison Square Garden erschossen. Der Täter, der Milliardärssohn Harry Kendall Thaw aus Pittsburgh in Pennsylvania, tötet sein ahnungsloses Opfer aus nächster Nähe. Dreimal feuert er mit einem Revolver auf White. Zwei Schüsse treffen den Kopf, ein weiterer die Schulter. Im Fallen reißt White einen Tisch zu Boden. All dies geschieht vor den Augen von mehr als neunhundert Premierenbesuchern. Unmittelbar nach der Tat ruft ein erleichtert wirkender Thaw: »Ich habe es getan, da er meine Frau ruinierte! Er hat es verdient! Er nutzte sie aus, und dann verließ er sie!«

Sofort stürzt sich die Presse auf den Vorfall. White, Thaw und dessen Frau Evelyn Nesbit gehören zur amerikanischen Ostküsten-Prominenz. Schlagzeilen wie »Harry Thaw tötet Stanford White auf dem Dachgarten« und »Thaw ermordet Stanford White … Publikum in Panik« sind auf den Titelseiten der Zeitungen zu finden. Über jedes noch so kleine Detail wird berichtet. Oftmals verschwimmt dabei die Grenze zwischen Fakt und Spekulation.

Von der ersten Sekunde an inszeniert sich Thaw als Rächer. Er behauptet, er habe nur die Ehre seiner Frau retten wollen. Diese sei als 16-jähriges Mädchen von White brutal vergewaltigt worden. Als liebender Ehemann sei es seine Pflicht, für sie einzutreten. Mit der Tat habe er nicht nur sie, sondern alle jungen Mädchen vor der »Bestie« White schützen wollen. Alles andere als ein Freispruch komme für ihn, seiner Meinung nach, nicht infrage.

In den nächsten Tagen hält Thaw in seiner Zelle im berühmt-berüchtigten City Prison Hof. Das Gebäude in Lower Manhattan unweit des früheren Slums Five Points wird von den New Yorkern »The Tombs«, die Gruft, genannt, da es von außen an ein ägyptisches Grab erinnert. Thaw lässt sich von seinem Butler Essen und Champagner aus den feinsten Restaurants der Stadt bringen. Er wird beim Dinieren in seiner Zelle fotografiert und empfängt Journalisten für Interviews.

Die anschließende Gerichtsverhandlung wird schnell als »Prozess des Jahrhunderts« bezeichnet. Tatsächlich werden nicht nur ein, sondern zwei Prozesse geführt. Im ersten können sich die Geschworenen nicht auf ein Urteil einigen, es kommt zu einer »hung jury«. In der nachfolgenden Verhandlung machen die Verteidiger Thaws bei ihrem Mandanten eine eingeschränkte Schuldfähigkeit geltend. Thaw leide an einer Dementia Americana, sein Anwalt Delphin M. Delmas argumentiert, die Erkrankung sei eine »Art von Wahnsinn, die jeden Amerikaner glauben lässt, dass sein Zuhause heilig ist; das ist die Art von Wahnsinn, die ihn glauben lässt, die Ehre seiner Tochter sei heilig; das ist die Art von Wahnsinn, die ihn glauben lässt, die Ehre seiner Frau sei heilig; das ist die Art von Wahnsinn, die ihn glauben macht, dass jeder, der in sein Haus eindringt, dass jeder, der die Tugend dieser Schwelle befleckt, das höchste menschliche Gesetz verletzt hat«.

Evelyn Nesbit, Thaws junge hübsche Frau, betritt sittsam wie ein Schulmädchen gekleidet den Zeugenstand. Sie berichtet in allen Einzelheiten von ihrem durch White verursachten Martyrium. Die Strategie geht auf. Thaw entgeht sowohl dem elektrischen Stuhl als auch einer Gefängnisstrafe. Stattdessen wird er für wenige Jahre in ein luxuriöses Sanatorium eingewiesen.

Anders sieht die Sache für das Opfer aus. Stanford Whites Ruf ist ruiniert. Niemand will mehr mit ihm oder seinem Namen in Verbindung gebracht werden. Selbst alte Freunde wie der Schriftsteller Mark Twain wenden sich ab. Letzterer schreibt in seiner Biographie, White habe »eifrig und fleißig und gierig und unbarmherzig junge Mädchen zu ihrem Untergang gejagt«. Erst in jüngster Zeit, nach mehr als hundert Jahren, findet das Werk des Architekten Stanford White wieder mehr Beachtung, und der Umstand seines Todes rückt langsam aus dem Blickfeld.

Im Rahmen meines Studiums unterrichte ich am Bronx Community College. Wenn ich aus Larchmont kommend in Fordham aus dem Zug steige, führt mich mein Weg die West Fordham Road entlang den Berg hinauf zum Campus. Die West Fordham Road, wie auch die umliegenden Straßen, erinnert in ihrem Treiben und ihrer Geschäftigkeit an die Lower East Side um 1900. Gehwege und Fahrbahnen sind voller Menschen. Neben den Geschäften säumen fliegende Händler mit den unterschiedlichsten Waren von Fake-Designertaschen über Spielzeug, Obst bis hin zu mexikanischem Speiseeis oder Empanadas die Straße. Englisch wird kaum gesprochen. Hier leben die neuen Einwanderer. Nicht wenige von ihnen sind illegal im Land und in ständiger Angst, abgeschoben zu werden. Allen gemeinsam ist der Wunsch, ein Zipfelchen vom amerikanischen Traum zu erhaschen. Vom Tellerwäscher zum Millionär.

Das College oben auf dem Hügel steht im Kontrast zum Treiben in der Fordham Road. Der ehemalige Campus der New York University ist eine Oase der Stille, und sein Herzstück ist die von Standford White zwischen 1895 und 1900 erbaute Gould Memorial Library. Steht man unter der großen freitragenden Kuppel des Lesesaals, nimmt einem die Anmut des Raums fast den Atem. Zwischen den Säulen der Rotunde befinden sich Bücherregale, so weit das Auge reicht. Jede Fakultät verfügt über einen Seminarraum, der nur durch eine im Bücherregal verborgene Tür betreten werden kann. White liebte Spielereien wie diese.

White war ein rothaariger Hüne mit einem mächtigen Schnauzer. Er war eine Erscheinung, die überall Aufmerksamkeit auf sich zog. Er war talentiert, hart arbeitend, zielstrebig, großzügig, abenteuerlich, extravagant – kurz: Er liebte das Leben in vollen Zügen. Er war zusammen mit seinen Partnern Charles Follen

McKim und William Rutherford Mead der Begründer der American Renaissance, der Architekt des Gilded Age. Mit seinen Entwürfen prägte er das Gesicht New Yorks. Die Astors, Vanderbilts und Villards, kurz jeder, der etwas auf sich hielt und für den Geld keine Rolle spielte, wandte sich an White und seine Partner. Das Büro McKim, Mead & White plante und baute öffentliche Gebäude wie die ConEdison-Kraftwerke ebenso wie Luxusvillen für Milliardäre.

White machte ein Vermögen, und er verlor es auch wieder. Er war eine Naturgewalt, im Guten wie im Schlechten. Dass er sich, obwohl glücklich verheiratet, gern mit sehr jungen Mädchen umgab, um seinem Ego zu schmeicheln, war allgemein bekannt und wurde von der Gesellschaft geflissentlich übersehen.

White wurde am 9. November 1853 in New York geboren. Sein Vater Richard Grant White war Journalist, Shakespeare-Experte und der wichtigste Theaterkritiker seiner Zeit. Seine Mutter Alexina Black Mease stammte aus dem New Yorker Bürgertum. Die Eltern waren gebildet, aber nicht vermögend. Sein Vater war durch seinen Beruf gut vernetzt und hatte Kontakte zu den literarischen und künstlerischen Zirkeln seiner Zeit. Ein Umstand, der seinem überaus talentierten Sohn Stanford zugutekam. White malte, vorwiegend Aquarelle, und er hatte ein Auge für Design, aber er studierte nie Architektur. Dafür arbeitete er über sechs Jahre als Assistent für Henry Hobson Richardson, bis heute einer der wichtigsten amerikanischen Architekten. Danach begab sich White auf die Grand Tour. Achtzehn Monate lang reiste er durch Europa. Hier saugte er alle Eindrücke und Strömungen wie ein Schwamm auf, um damit später seinen eigenen, unabhängigen Stil zu kreieren. White hatte einen Blick für Schönheit. Er hatte die Gabe, aus einfachen und unscheinbaren Dingen Wunderbares zu schaffen. Nicht zuletzt aus diesem Grund war es nur eine Frage der Zeit, bis sich die Wege Whites und Evelyn Nesbits kreuzen würden.

Nesbit, die Ehefrau des Täters, deren Ehre durch die Tat angeblich wiederhergestellt werden sollte, war *das* Werbegesicht ihrer Zeit. Wenn White der Architekt des Gilded Age war, war sie das Gesicht der Epoche. Nesbit war in unzähligen Anzeigen und Magazinen zu finden. Die Fotos, die Rudolf Eickemeyer und andere zu dieser Zeit berühmte Fotografen von ihr machten, sind heute noch ikonisch.

Evelyn hieß eigentlich Florence und wurde am 25. Dezember 1884 oder 1885 geboren. Der Eintrag ins Geburtsregister ging bei einem Brand verloren. Ihr Vater Winfield Scott Nesbit war Anwalt. Er war zu sanft, zu großzügig, zu wenig ambitioniert und zu willensschwach, um in seinem Beruf erfolgreich zu sein. Winfield wäre mit seinem ruhigen und beschaulichen Leben im 2500 Einwohner zählenden Tarentum, Pennsylvania, bis ans Ende seiner Tage zufrieden gewesen. Doch um das Jahr 1893 herum waren er und seine Frau aus wirtschaftlichen Gründen gezwungen, mit Evelyn und dem zwei Jahre jüngeren Howard nach Pittsburgh zu ziehen. Die boomende Stadt bot für einen Anwalt weitaus bessere Verdienstmöglichkeiten.

Der Umzug brachte der Familie wenig Glück, laut der Allegheny County Bar Association verstarb Winfield am 16. Januar 1896 an einer Hirnhautentzündung. Im Nachruf ist zu lesen, der 40-Jährige sei ein begeisterter Anhänger des Radfahrens gewesen und habe sich die Meningitis durch die übertriebene Ausübung dieses Sports zugezogen.

Für die Familie war der frühe und plötzliche Tod des Ernährers eine Katastrophe. Evelyns Mutter, die den Haushalt führte und keinen Beruf erlernt hatte, brachte die Kinder zunächst bei Bekannten auf dem Land unter und versuchte, sich in Philadelphia eine Existenz als Änderungsschneiderin aufzubauen. Mit wenig Erfolg. Immerhin gelang es ihr, eine Stellung als Verkäuferin bei Wanamaker's zu ergattern, dem damals größten Warenhaus der Stadt. Kurze Zeit später holte sie ihre Kinder nach. Die ganze Familie arbeitete nun sechs Tage die Woche, zwölf Stunden am Tag im Kaufhaus. Dort fiel einem Künstler die hübsche Evelyn auf. Er bat die 14-Jährige, für ihn Modell zu stehen. Weitere Engagements folgten.

Doch Evelyns Mutter hatte den Traum von einem Leben als Änderungsschneiderin noch nicht aufgegeben. Sie wollte Philadelphia hinter sich lassen und ihr Glück in New York versuchen. Evelyn und Howard wurden wieder aufs Land geschickt, während sie sich zunächst allein in Manhattan niederließ. Wie schon in Philadelphia, schaffte sie es auch dieses Mal nicht, sich als Schneiderin zu etablieren, und obwohl sie keine Anstellung fand und keinerlei Einkommen hatte, holte sie ihre Kinder nach wenigen Wochen zu sich.

Um wenigstens etwas Geld zu verdienen, sollte Evelyn wieder als Modell arbeiten. Mit den Empfehlungsschreiben der Künstler aus Philadelphia in der Tasche wurden

Evelyn und ihre Mutter bei James Carroll Beckwith vorstellig. Beckwith, ein gefragter Landschaftsmaler und Porträtist, war von dem Teenager sofort begeistert. Binnen weniger Wochen wurde Evelyn zu einem der gefragtesten Modelle New Yorks. Alle erfolgreichen Maler und Fotografen wollten mit ihr arbeiten. Ihre Mutter hängte den Traum von der Änderungsschneiderei endgültig an den Nagel, mit dem Aussehen ihrer mittlerweile 15-jährigen Tochter war wesentlich mehr Geld zu verdienen.

Dennoch war klar: Um das Einkommen der Familie auch in Zukunft sicherzustellen, reichten diese Jobs nicht aus. Noch war Evelyns Gesicht jung und neu, doch schon in wenigen Wochen oder Monaten konnte sich das ändern. Modelle kamen und gingen. Evelyn und ihre ehrgeizige Mutter wollten mehr. Sie brauchten etwas, das auch längerfristig ein Einkommen garantierte. Ein Job als Verkäuferin, wie bei Wanamaker's in Philadelphia, kam nicht infrage. Außer ihrem Aussehen und ein paar Ballett- und Gesangsstunden hatte sie keinerlei Ausbildung. Der Entschluss war schnell gefasst: Das Mädchen sollte an den Broadway. Der Bedarf an jungen hübschen Tänzerinnen war enorm. Und tatsächlich: Nach einem knappen Jahr in New York stand Evelyn 1901 als Revuetänzerin im Musical *Florodora* auf der Bühne. Das Stück war die Sensation der Saison. Die Handlung selbst war seicht, das Publikum kam, um die spärlich bekleideten Tänzerinnen, die »Florodora Girls«, zu sehen. Die jungen Frauen wiederum erhofften sich, durch ihr Engagement einen vermögenden Mann kennenzulernen, der sie unterstützte und im besten

Fall heiratete. Einigen gelang dies sogar. Genau hier, am Broadway, kreuzten sich die Wege von Stanford White und Evelyn Nesbit.

White hatte die Show mehr als einmal gesehen. Er kannte Nellie Goodrich und ihre Tochter Edna, die beide Teil der Besetzung waren. Edna war es auch, die Evelyn auf Betreiben Whites zu einem Mittagessen einlud. Der erste Anlauf scheiterte. Evelyns Mutter, auf den guten Ruf ihrer Tochter bedacht, verweigerte ihre Zustimmung. Doch mit dieser Abfuhr gaben sich Nellie und Edna nicht zufrieden. Sie wollten es sich mit dem einflussreichen White nicht verscherzen. Für Männer wie White gab es kein Nein, er konnte Karrieren machen – und auch wieder zerstören. Wenn Evelyn nicht zu einem Treffen mit White ging, fiel das auch auf Nellie und Edna zurück. Beide wussten, wie das Spiel lief, sie hatten sich schon vor langer Zeit darauf eingelassen. Besonders Nellie wollte sich durch die naive Evelyn und deren Mutter die eigene Karriere nicht zerstören lassen. White hatte von ihr verlangt, dass sie ihm Evelyn zuführte, und sie würde ihm diesen Wunsch erfüllen. Nellie fasste darum den Plan, Evelyns Mutter eine fingierte Gästeliste vorzulegen. Diese gab ihrer Tochter schließlich die Erlaubnis, mit Edna zu dem Essen zu gehen. Sittsam und wie für junge Mädchen ihres Alters damals üblich, trug sie ein weißes Matrosenkleid mit passendem Hütchen. Evelyn schreibt später in ihren Memoiren, Edna habe den Mund zu einem leicht spöttischen Lächeln verzogen, als Evelyn zu ihr und dem Chauffeur ins Automobil stieg. Sie selbst, nur wenig älter als Evelyn, war elegant und nach der Mode der Saison gekleidet.

Hatte sich Evelyn erhofft, das Mittagessen würde im großen Rahmen in einem teuren Restaurant stattfinden, so wurde sie enttäuscht. Gemeinsam mit Edna fuhr sie zu einer von Whites New Yorker Wohnungen. Diese war über dem Spielwarengeschäft FOA Schwarz in der W24th Street, Manhattan. Das Gebäude sah von außen etwas heruntergekommen aus. Doch typisch White täuschte der Eindruck, und die Wohnung im ersten Stock entpuppte sich als luxuriöses Wunderland. Evelyn sollte später über dieses Treffen sagen, dass sie mehr von der Einrichtung des Apartments als von dem Gastgeber beeindruckt war. Auf dem Tisch im Speisezimmer befanden sich vier Gedecke. Neben Edna und Evelyn war ein Bekannter Whites eingeladen. Evelyn beschrieb ihn später als »enttäuschend alt«, doch zum Glück habe er sich gleich nach dem Essen wieder verabschiedet. White, nun mit den beiden Mädchen allein, lud diese ein, sich in den oberen Stockwerken der Wohnung umzusehen. Besonders ein Raum direkt unter dem Dach hatte es Evelyn angetan. In ihm befand sich eine Schaukel aus rotem Samt, um die Seile wanden sich grüne Ranken einer Stechwinde. White forderte das Mädchen auf, sich zu setzen. Diese ließ sich nicht zweimal bitten. Zu Edna, die gehofft hatte, selbst im Mittelpunkt des Interesses Whites zu stehen, sagte er: »Let's give this kiddie a ride.« Er gab Evelyn einen kräftigen Schubs, danach noch einen. Evelyn saß auf der Schaukel aus rotem Samt und schwang lachend hin und her. White wollte von ihr wissen, ob sie es schaffen würde, so hoch zu schaukeln, dass sie mit den Füßen einen unter der Decke aufgespannten bunten japanischen Papierschirm durchstoßen könnte. Natürlich konnte sie es.

Am Abend erzählte Evelyn voller Begeisterung von der Einladung. Bereits in den nächsten Tagen machte White auch ihrer Mutter seine Aufwartung, und auch sie konnte seinem Charme nicht widerstehen. Zu jedem seiner nun folgenden Besuche brachte er Blumen, Konfekt oder Geschenke mit. Und er war häufig zu Gast. Er entpuppte sich mehr und mehr als Freund und Förderer der Familie. White bezahlte das Schulgeld für das Internat von Evelyns Bruder Howard. Er bezahlte die Miete und organsierte den Umzug der Familie aus ihrer bescheidenen Unterkunft in eine großzügige und möblierte Suite des Wellington Hotel. White kümmerte sich um alles. Für Evelyns Mutter war er ein Geschenk des Himmels. Er sorgte sich nicht nur um Evelyn, er ermunterte sie, doch an sich selbst zu denken und ihre Freunde in Pittsburgh zu besuchen, er würde sich wie ein Vater um die 16-Jährige kümmern.

Evelyns Mutter ließ sich nicht lange überreden, sie willigte ein. Als Whites Geschäftspartner McKim von der geplanten Reise und Whites Angebot, sich väterlich um Evelyn zu kümmern, hörte, entfuhr diesem ein vielsagendes: »Mein Gott.«

Nach der Abreise überschlugen sich die Ereignisse, eine Einladung folgte der nächsten. White schien es mit seiner Fürsorge sehr genau zu nehmen. Irgendwann, Evelyn konnte sich später nicht mehr genau an den Tag erinnern, lud er sie wieder in seine Wohnung über dem Spielwarengeschäft ein. Dieses Mal war sie der einzige Gast. Sie war überrascht, fühlte sich aber auch geschmeichelt. Bereits vor dem Essen gab es ein erstes Glas Champagner. Nach dem Dessert zeigte ihr White einen weiteren geheimen Raum, den sie bei ihrem vorangegangenen Besuch nicht gesehen hatte. Das Zimmer entpuppte sich als Schlafzimmer. Auch dort stand Champagner bereit. Die beiden tranken, die Stimmung war ausgelassen. Evelyn war Alkohol nicht gewohnt. Sie erinnerte sich später, dass ihr letztes Glas Champagner einen seltsamen Nachgeschmack hatte. Das Mädchen fühlte sich schwindelig und müde. Evelyn musste sich hinlegen, und schließlich verlor sie das Bewusstsein. Als sie wieder zu sich kam, lag sie im Bett, der nackte White neben ihr. Er sagte ihr, sie brauche keine Angst zu haben, denn alles wäre vorüber.

Evelyn brach nach diesem Vorfall nicht mit White. In den nächsten sechs Monaten sahen sie sich fast täglich. Danach ließ der Reiz bei ihm etwas nach, und er machte sich auf die Suche nach neuen Ablenkungen.

Auch Evelyn ging mit anderen Männern aus. In einen von ihnen verliebte sie sich Hals über Kopf. Es war John Barrymore, der Großvater der Schauspielerin Drew Barrymore. Barrymore, damals 21, versuchte sich als Zeichner und Illustrator einen Namen zu machen. Evelyn sagte später, er sei die Liebe ihres Lebens gewesen. Zu ihrer großen Enttäuschung kam es für beide nicht zu einem Happy End. Evelyns Mutter war die Verbindung von Anfang an ein Dorn im Auge, schließlich kam Barrymore mit seinem mageren Gehalt kaum über die Runden. Wenn Evelyn ihre Zeit und ihre besten Jahre mit ihm verplemperte, wer sollte das Familieneinkommen sichern? Evelyns Mutter bat White um

Hilfe. Dieser unterstützte sie noch immer, wie er es mit fast allen ehemaligen Geliebten tat. Beide, sowohl White als auch Evelyns Mutter, hielten es für das Beste, wenn Evelyn für eine Zeit aus Manhattan fortgehen würde. Aus den Augen, aus dem Sinn. Sie wurde in ein Internat nach New Jersey verfrachtet. Doch die Beziehung zu Barrymore bestand fort. 1903 musste Evelyn für einige Zeit ins Krankenhaus. Offiziell war es eine Blinddarmoperation, doch hält sich hartnäckig das Gerücht einer Abtreibung. Evelyn hat es stets verneint.

Zu diesem Zeitpunkt trat Harry Kendall Thaw verstärkt in ihr Leben. Wie Barrymore hatte er Evelyn in dem Stück *The Wild Rose* gesehen. Über vierzig Mal soll er in der Vorstellung gewesen sein. Er ließ Evelyn Blumen, Schmuck und teure Geschenke in die Garderobe schicken. Doch sie war von ihm alles andere als angetan. Er war ihr unheimlich und erinnerte sie an Tillie, das lachende Maskottchen des Stillwell-Vergnügungsparks auf Coney Island.

Thaw, Sohn des Eisenbahnunternehmers und Milliardärs William Thaw senior, hatte keinen guten Ruf. Er war der Harvard University in Cambridge, Massachusetts, verwiesen worden, nachdem er einen Taxifahrer mit einer Schrotflinte durch die Stadt gejagt hatte, im Glauben, der Fahrer hätte ihn um lächerliche zehn Cent betrogen. In New York ging hinter vorgehaltener Hand das Gerücht um, er würde Prostituierte dafür bezahlen, sie schlagen zu dürfen. Auch eine Kokain- und Laudanum-Abhängigkeit wurde ihm unterstellt. Er hatte Gefallen daran, seine Zigarren mit Hundertdollarnoten anzuzünden, und fiel durch etliche weitere unangenehme Episoden auf. So ritt er auf einem Pferd die Stufen zum exklusivsten New Yorker Herrenclub hinauf.

Aber vor allem war Thaw von Stanford White besessen. Er wollte sein wie sein Idol, mehr noch, er wollte ihn übertreffen. Er aß in denselben Restaurants, besuchte dieselben Vorstellungen, wollte in denselben Kreisen verkehren. Als ihm die Aufnahme in den angesagtesten Herrenclub der Stadt verweigert wurde, führte er das nicht auf sein eigenes Fehlverhalten, sondern auf Whites Ablehnung zurück. Er empfand diese Zurückweisung als Demütigung, als einen Affront.

Und ausgerechnet der Mann, der getrieben war von der Sucht nach Anerkennung durch White, besuchte die ehemalige Protegée seines Rivalen fast täglich im Krankenhaus. Auch nach Evelyns Entlassung ließ Thaws Fürsorge nicht nach, schließlich lud er sie und ihre Mutter zu einer Europareise ein. In den Augen ihrer Mutter war er in mehrfacher Hinsicht vielversprechend: Thaw war vermögend und ungebunden. Doch die Reise nahm für Evelyns Mutter bereits in Paris ein vorzeitiges Ende. Unter einem Vorwand kehrte sie nach Amerika zurück. Evelyn blieb. Und nicht nur das: An einem der folgenden Abende erzählte sie Thaw von der Vergewaltigung durch White. Dieser brach nach Evelyns späteren Angaben weinend zusammen. Nach diesem nächtlichen Geständnis wurde die Reise zu einem Desaster. Der bis dahin fürsorgliche Thaw wandelte sich, immer häufiger trat nun die unberechenbare und gewalttätige Seite seines Wesens zutage. Wenige Wochen später, Thaw hatte sich mit Evelyn und drei Bediensteten auf dem ungarischen Schloss Katzenstein eingemietet, eskalierte die Situation. Während einer seiner immer zahlreicher werdenden Anfälle sperrte Thaw Evelyn in ihr Zimmer ein. Dort peitschte er mit einer Reitgerte auf sie ein, bis sie fast das Bewusstsein verlor. Wie immer folgte dem Anfall von hemmungsloser Gewalt ein tränenreicher Moment der Reue. Auf Knien bat er Evelyn, ihm zu verzeihen. Doch schon am nächsten Tag wiederholte sich alles. Evelyns Körper war mit Blutergüssen übersät, sie konnte tagelang nicht unter Leute gehen. Sie blieben etwas mehr als zwei Wochen auf Schloss Katzenstein, doch auch danach brach Evelyn die Reise nicht ab.

Wieder in New York, berichtete sie White von den Vorfällen. Der war entsetzt und brachte sie sofort zur Anwaltskanzlei Hummel & Howe. Die Kanzlei war auf Fälle finanzieller Wiedergutmachungen spezialisiert. Meist vertrat Abraham Hummel Chorsängerinnen und Revuetänzerinnen, die ihren wohlhabenden ehemaligen Liebhabern mit einer Klage wegen Bruch des Eheversprechens drohten, wenn es sich bei der Affäre um einen Junggesellen handelte, oder mit Bloßstellung, wenn sie verheiratet waren. Gegen Bezahlung einer angemessenen Summe war die Angelegenheit vom Tisch. White selbst zahlte eine monatliche Abschlagszahlung an Hummel & Howe, um solchen Forderungen von vornherein aus dem Weg zu gehen. Hummel setzte umgehend ein Schreiben an Thaw auf, doch dann geschah das Unglaubliche: Evelyn weigerte sich, die Forderung auf finanzielle Wiedergutmachung zu unterschreiben. Mehr noch: Sie zerriss den Brief vor den Augen Hummels. Auch den Rat Whites, sich von Thaw zu distanzieren, schlug sie in den Wind. Das Verhältnis zu Thaw bestand weiter, wenige Monate später heiratete sie ihn, und gemeinsam gingen sie nach Pittsburgh. Was sie zu diesem Schritt bewegt hat, wissen wir nicht, Liebe oder Zuneigung können es nicht gewesen sein. Zu viel spricht dagegen. Über Evelyns Beweggründe kann nur spekuliert werden. Wir wissen auch nicht, welchen Einfluss ihre Mutter auf diese Entscheidung hatte. Wenige Jahre zuvor hatte sie ihre damals 16-jährige Tochter dem stadtbekannten Womanizer White anvertraut, und als sie mit Evelyn und Thaw auf Europareise ging, hatte sie die beiden unter einem Vorwand in Paris zurückgelassen. Die Familie lebte gut von den Zuwendungen der Liebhaber Evelyns. Vielleicht war die Angst, mittellos zu sein, größer als die, von einem Ehemann verprügelt zu werden. Vermutlich glaubte Evelyn, sie könnte irgendwie mit Thaws unberechenbaren Art zurechtkommen. Vielleicht suchte sie die Schuld für sein Verhalten auch bei sich selbst. Warum bleiben Opfer häuslicher Gewalt bei den Tätern? Fest steht: Thaws Familie war unfassbar vermögend. Dieser Reichtum gaukelte Evelyn womöglich ein Gefühl von Sicherheit vor, das sie letztlich zu dieser Heirat bewegte. Vielleicht glaubte sie im Fall einer späteren Scheidung finanziell und auch gesellschaftlich besser dazustehen als mit einer Forderung auf Wiedergutmachung.

Am 23. Juni 1906 kam Evelyn mit ihrem Ehemann für ein paar Tage nach New York. Von hier aus wollten sie am 26. Juni erneut zu einer Europareise aufbrechen. Angeblich sollte es eine verspätete Hochzeitsreise sein, so hatte es Thaw Evelyn versprochen. Was niemand wusste: Thaw ließ White seit Monaten beschatten. Er wusste über jeden seiner Schritte Bescheid. Am Abend des 25. Juni 1906 zog sich Thaw entgegen seiner Gewohnheit zum Abendessen nicht um, er wartete vielmehr ungeduldig in der Hotellobby auf seine Frau. Gemeinsam mit Freunden wollten sie einen schönen letzten Abend in der Stadt verbringen. Thaw erschien an diesem Tag noch seltsamer als sonst. Er weigerte sich, seinen für die Sommernacht viel zu warmen langen schwarzen Mantel auszuziehen. Zweimal liefen sie White in den nächsten Stunden »zufällig« über den Weg. Zuerst sahen sie ihn im Café Martin. White war nicht allein, er war in Gesellschaft seines Sohnes und eines Freundes. Das nächste Mal begegneten sie ihm auf der Dachterrasse des Madison Square Garden. Thaw wusste, White würde sich die Premiere nicht entgehen lassen. Sichtlich nervös wartete er auf ihn. Die ganze Zeit über lief er ungeduldig hin und her. Auch hier weigerte er sich, seinen Mantel auszuziehen. Als White schließlich kurz vor Ende der Vorstellung erschien, wartete Thaw ab, bis sein Opfer sich allein an den für ihn reservierten Tisch setzte. Dann ging Thaw zu White und erschoss ihn ohne Vorwarnung aus kurzer Distanz. Thaw ließ sich ohne Gegenwehr am Tatort festnehmen und in Untersuchungshaft bringen.

Vier Wochen vor der Urteilsverkündung im zweiten Prozess lief in den Kinos der Stummfilm *The Unwritten Law* an. In diesem von der Familie Thaws finanzierten Film wurde weiter an der Legende des liebenden Mannes gesponnen, der die Ehre seiner Frau rettete. Evelyn wurde für ihre Aussage vor Gericht eine Summe von sieben Millionen Dollar nach heutigem Kaufwert* geboten. Das Geld hat sie nie erhalten. 1910 wurde sie geschieden. Stanford Whites Ruf und auch der seiner Firma war ruiniert. Sein Partner meldete wenige Jahre nach Whites Tod Konkurs an. In den folgenden Jahren war seine Familie gezwungen, nach und nach die verbliebenen Vermögenswerte zu verkaufen.

1916, zehn Jahre nach der Tat und aus dem Sanatorium entlassen, machte Thaw erneut Schlagzeilen. Er hatte einen 19-Jährigen aus Kansas unter dem Vorwand, er würde ihm eine Universitätsausbildung finanzieren, nach New York gelockt. Dort sperrte er ihn in ein Hotelzimmer, fesselte ihn und peitschte ihn aus. Die Tat zeigte Parallelen zur Misshandlung Evelyns auf Schloss Katzenstein. Thaw gab an, er wollte den jungen Mann zu seinem Sklaven machen. Keiner seiner ebenfalls anwesenden Bediensteten griff ein oder kam dem Opfer zu Hilfe. Dem gelang es schließlich in einem unbeobachteten Moment, sich zu befreien. Nackt lief er hinunter in die Lobby und schließlich aus dem Hotel auf die Straße. Thaw floh nach Philadelphia und versuchte sich dort das Leben zu nehmen. Er wurde gerettet, erneut für unzurechnungsfähig erklärt und verbrachte die nächsten Jahre wieder in einem Sanatorium, aus dem er

* Die Umrechnung dient hier und im Folgenden dazu, dem*der Leser*in eine ungefähre Ahnung der Summen und ihrer Größenordnung zu vermitteln, ohne Anspruch auf absolute Richtigkeit. Bei den Berechnungen handelt es sich um Schätzwerte, die von einer Vielzahl an Faktoren wie Inflation, durchschnittliches Jahreseinkommen zu dieser Zeit etc. abhängig sind.

1924 entlassen wurde. Er starb 1947 in Florida an einem Herzinfarkt.

Harry Thaw ging es nie um die Ehre seiner Frau. Für ihn war sie nur interessant, da er sich erhoffte, durch sie seiner Obsession White näher zu kommen. Und Evelyn Nesbit? Sie wurde Mutter eines Sohnes. Angeblich mit Thaw während dessen Untersuchungshaft im Tomb gezeugt. Thaw erkannte die Vaterschaft nie an und behauptete bis zu seinem Tod, nichts damit zu tun zu haben. Den Rest ihres Lebens tingelte Evelyn als drittklassige Musicaldarstellerin über die Bühnen. Ihre Engagements hatte sie nicht ihrem Können, sondern ihrer Verwicklung in dem Fall White zu verdanken, und sie wusste dies zeit ihres Lebens zu nutzen. Sie verkaufte die Geschichte, änderte sie je nach Zuhörerschaft, ließ Dinge weg oder fügte andere hinzu. In ihren 1914 und 1934 erschienen Memoiren inszeniert sie sich als naives Opfer. 1967 starb sie 82-jährig in Kalifornien. Ein enger Freund Whites hatte einmal über sie gesagt, sie habe das Gesicht eines Engels und das Herz einer Schlange.

Kum Bow – Sweet Flower

Am Samstag, den 21. Februar 1914, wird Chin Lem zu Grabe getragen. Es ist ein klarer kalter Wintertag. Von der Mott Street in Manhattans Chinatown macht sich ein Trauerzug auf den Weg nach Brooklyn zum Cypress Hills Cemetery. Die zwölf Kilometer lange Strecke führt zunächst durch die Lower East Side und quert dann die Williamsburg Bridge, die sich über den East River spannt. Von dort geht es weiter nach Bushwick, um schließlich nach fast drei Stunden Fußmarsch am Friedhof anzukommen. Angeführt wird der Trauerzug von einer chinesischen Musikgruppe mit Gongs und traditionellen Streichinstrumenten. Hinter den Musikanten folgt eine Kalesche, gefüllt mit Essenspaketen. Darin ist alles, was dem Verstorbenen bereits zu Lebzeiten mundete: Hühnchen, Wein, Früchte, Chop Suey, Zigarren und Süßigkeiten. Es ist der Proviant für die Seele des Toten auf ihrer Reise ins Paradies. Chin Lem soll auf nichts verzichten müssen. Danach kommt der von Pferden gezogene Leichenwagen. Darauf befindet sich neben dem Sarg ein versiegeltes Gefäß, darin eine Rolle mit feinstem handgeschöpftem Papier, auf dem in chinesischen Schriftzeichen die Lebensgeschichte des Toten und seiner Familie für die Ewigkeit niedergeschrieben ist. Der Wagen wird zu beiden Seiten von Sargträgern eskortiert. Das Ende des Leichenzuges bilden elf Kutschen und drei Limousinen mit den Trauernden.

Am nächsten Tag berichtet die *New York Tribune* in ihrer Sonntagsausgabe ausführlich über die Beerdigung. Der Verstorbene sei mit dem Prunk und der Pracht begraben worden, »die seinem hohen Rang und der vorsichtigen orientalischen Fürsorge geschuldet waren, die man für die Taten eines Mannes, wie Chin einer war, auf seiner langen letzten Reise als nützlich erachtete«. Mit der »vorsichtigen orientalischen Fürsorge« ist der »spirit chaser« gemeint, der Geisterjäger, der sich im ersten Wagen hinter dem Leichnam befand. Den ganzen Weg von der Mott Street bis zum Friedhof hatte dieser in regelmäßigen Abständen kleine Papierschnipsel aus dem Fenster geworfen. Sie sollten den bösen Geist verwirren und ihn ablenken. Nach chinesischem Aberglauben musste der Geist erst alle Schnipsel aufheben und sich durch das kleine, mit einer feinen Nadel in die Mitte des Zettelchens gestochene Loch zwängen, ehe er dem Toten weiter folgen konnte. Der Seele Chin Lems sollte somit ein Vorsprung verschafft werden auf dem langen Weg zu den Toren des Paradieses.

Die *Tribune* ist nicht die einzige Zeitung, die über den Trauerzug berichtet. Alle Zeitungen New Yorks und New Jerseys schreiben über die Beerdigung. Während der *New York Herold* sachlich titelt »Chin Lem mit allen Riten beerdigt«, ist die Überschrift der *Trenton Times* weniger zurückhaltend. Hier heißt es: »Tödlicher Tongman für immer verstummt.«

Chin Lem war ein »Tongman«, er war Mitglied des chinesischen Geheimbunds On Leong Tong. Das chinesische Wort »Tong« bedeutet »Halle« oder »Versammlungsort«. Ursprünglich als Wohltätigkeitsorganisation für chinesische Einwanderer gegründet, waren die Machenschaften der Vereinigung nicht immer gesetzeskonform. Gegen Ende des 19. Jahrhunderts und bis zum Beginn des Zweiten Weltkriegs kontrollierten rivalisierende kriminelle Tong das Glücksspiel, die Prostitution und den Opiumhandel in allen chinesischen Vierteln der USA. Städte wie San Francisco, Chicago und auch New York wurden in dieser Zeit von Bandenkriegen heimgesucht. Der erste Tong War New Yorks wurde 1906 zwischen den On Leong Tong und den Hip Sing Tong um die Vormachtstellung im Glücksspiel und die damit verbundenen Einnahmen geführt. Die Auseinandersetzung gipfelte im Chinese Theater Massacre. Zwischen 1909 und 1910 kam es zum zweiten Krieg der Tong. Chin Lem spielte darin eine zentrale Rolle. In der Nacht vom 14. auf den 15. August 1909 war seine erst 21-jährige Frau Bow Kum von zwei Männern der Four Brothers Tong brutal ermordet worden. Das Verbrechen war der Auslöser für den zweiten Tong War, an dessen Ende es mindestens elf Tote gab und Chinatown vor dem wirtschaftlichen Zusammenbruch stand, da niemand, der nicht unbedingt musste, sich mehr in das Viertel wagte. Fünf Jahre nach dem gewaltsamen Tod Bow Kums wurde ihr 36-jährige Witwer auf demselben Friedhof zur letzten Ruhe gebettet.

Wenn man auf dem John F. Kennedy International Airport landet und von dort mit einem Taxi oder Uber nach

Manhattan fährt, kommt man in der Regel am Cypress Hills Cemetery vorbei. Die schier endlos erscheinenden Reihen von Gräbern vor der Skyline Manhattans sind ein Bild, das sich jedem Besucher einprägt. Die Toten der Stadt blicken auf das Gewusel der Lebenden in dem angeblich niemals schlafenden New York.

Vor einigen Jahren, an einem eisigen Januartag, war ich mit einem Team vom Bayerischen Rundfunk für Aufnahmen der Dokumentarfilm-Reihe *Lebenslinien* vor Ort. Die Idee, auf dem Friedhof zu drehen, war, wenn ich mich richtig erinnere, spontan entstanden, und Regisseurin und Autorin Hilde Bechert hatte keine Zeit mehr, eine Drehgenehmigung einzuholen. Wir drehten daher ohne Erlaubnis, und jedes Mal, wenn eine Person oder ein Fahrzeug vorbeikam, die irgendwie offiziell aussahen, versteckte ich mich im Auto. Ich erinnere mich an verschneite Gräber und vereiste Wege zwischen den zum Teil sehr alten Grabsteinen. Anders als in Deutschland werden Grabstätten auf amerikanischen Friedhöfen nicht nur für die Dauer von zwanzig Jahren gemietet. Wenn man nicht umgebettet wird, hat man ein Recht auf Ruhe bis in alle Ewigkeit oder bis der Grabstein im Erdreich versinkt und der Tote dem Vergessen anheimgegeben wird. Noch heute finden sich hier die Gräber einiger hochrangiger Mitglieder der Tong, die Gräber Bow Kums und ihres Ehemanns Chin Lem sucht man jedoch vergebens.

Bow Kum, die junge Frau, deren Leben im August 1909 ein gewaltsames Ende fand, wurde 1888 in der Provinz Kanton in Südchina geboren. Sie war die Tochter eines armen Bauern namens Wong Hi. Der Name ihrer

Mutter ist nicht bekannt, Frauen waren in der chinesischen Gesellschaft ohne jede Relevanz, insbesondere jene der Arbeiterklasse. Gerade einmal fünf Jahre alt, wurde Bow Kum von ihrem Vater verkauft. Der Handel mit Kindern war nichts Ungewöhnliches, oft waren sie das Einzige, was den Armen zum Verkauf blieb.

Sing Kum, ein 17-jähriges Mädchen, das ebenfalls von ihren Eltern verkauft worden war und über Umwege in Amerika landete, schrieb: »Mein Vater war Weber, und meine Mutter hatte kleine Füße. Ich hatte eine Schwester und einen Bruder, die jünger waren als ich. Mein Vater war ein fleißiger Mann, aber wir waren sehr arm. Meine Füße wurden nie gebunden; ich bin dankbar, dass das nicht der Fall war. Mein Vater verkaufte mich, als ich etwa sieben Jahre alt war; meine Mutter weinte. Ich hatte Angst und rannte unter das Bett, um mich zu verstecken. Einmal kam mein Vater zu mir und brachte mir etwas Obst; aber meine Herrin sagte mir, ich solle sagen, dass er nicht mein Vater sei. Ich tat es, aber danach tat es mir sehr leid. Er schien sehr traurig zu sein, und als er wegging, gab er mir ein wenig Bargeld und wünschte mir Wohlstand. Das war das letzte Mal, dass ich ihn gesehen habe.« Auch wenn sich die beiden Frauen nie begegnet sind, ist ihr Schicksal vergleichbar. Anders als Bow Kum, von der nur wenige Aussagen überliefert sind, hat Sing Kum mehrere Briefe verfasst, in denen sie über ihr Leben geschrieben hat. Diese Briefe sind noch heute in der Library of Congress einsehbar. Sing wurde insgesamt vier Mal verkauft, und obwohl Sklavenhandel in den USA verboten war, gelangte sie als Sklavin ins Land. In einem Punkt unterscheiden sich die Schicksale der beiden Frauen: Sing wurde als Dienstmädchen verkauft, Bow Kums Käufer hatte von Anfang an andere Pläne.

Die kleine Bow Kum muss sehr hübsch gewesen sein, denn der Mann, der sie ihrem Vater abkaufte, zahlte den Gegenwert von 300 Dollar, heute um die 10 000 Dollar. Eine ungewöhnlich hohe Summe. Bow Kums neuer Besitzer verwendete die nächsten zehn Jahre darauf, das Mädchen nach dem gängigen Schönheitsideal zu formen, um so den Wert seiner Investition zu steigern. Eine chinesische Frau sollte zart und zerbrechlich sein. Bow Kum entsprach diesem Ideal. Sie war gerade einmal 120 Zentimeter groß und wog 30 Kilogramm. Ihr wurden die Füße gebunden, damit sie möglichst klein blieben. Lotusfüße sollten nicht länger als 14 Zentimeter sein. Goldene Lotusfüße, wie Bow Kum sie hatte, maßen gerade einmal 3 Cun, was knapp 10 Zentimetern entspricht. Nur wenige Frauen erreichten dieses Ideal. Dass sie sich damit nur unter Schmerzen fortbewegen konnten, wurde in Kauf genommen. Nichts galt als erotischer als kleine Füße und ein trippelnder Gang. Bow Kums Haut hatte die blasse Farbe von altem Elfenbein. Sie hatte zartrosige Wangen und einen kleinen runden Mund mit rosafarbenen Lippen. Ihre Augen waren wie polierter Onyx und ihre »Haare so schwarz wie Krähenflügel«, so zumindest wird sie später von dem Journalisten Alfred Henry Lewis beschrieben. Er beruft sich dabei auf die Aussage von Lou Fook, einem der Präsidenten der On Leong Tong, der Bow Kum gekannt hat. Das Mädchen bekam Unterricht in Musik, Kalligraphie und Poesie. Alles Dinge, die für ihr späteres Leben als Konkubine reicher chinesischer Männer wichtig waren, sollte sie diese doch nicht nur mit ihrer Schönheit, sondern auch mit ihrer Bildung unterhalten können.

Fook erzählt Lewis auch von einem Vorfall, der sich zwischen Bow Kum und ihrem Besitzer abgespielt hatte. Unter dem Einfluss von Opium schlug er sie mit einem Bambusstab nieder. Der Mann gab an, er habe ihre »sternengleiche Schönheit« und den Gedanken, sie nicht besitzen zu können, nicht ertragen, zu groß war die Versuchung und das Verlangen nach ihr. »Das machte ihm Angst; denn er sah, dass er sie wegen ihrer Schönheit töten würde, wenn er sie behalten würde. Da er sich selbst kannte und ihre Schönheit fürchtete, schickte er die kleine Bow Kum nach San Francisco und sah sie nie wieder.«

Die junge Frau war eine luxuriöse Ware, und sie behielt ihren Wert nur, wenn sie unversehrt war. Für 3000 Dollar, was heute knapp 105 000 Dollar entspricht, wurde Bow Kum nach Kalifornien verkauft. Zum Vergleich: Der Monatslohn eines Wäschereiarbeiters lag bei maximal 56 Dollar. Was in Bow Kum vorging, ob sie Angst hatte oder hoffte, in der Fremde ein glücklicheres Leben führen zu können, wissen wir nicht. Bow Kum bleibt in vielen Dingen ein Geheimnis.

Für Chinesen war es fast unmöglich, in die USA einzureisen, nachdem am 6. Mai 1882 der Chinese Exclusion Act in Kraft getreten war, die erste gesetzliche Verordnung zur Zurückweisung von Immigranten in den USA. Um die Arbeitsplätze der eigenen Minenarbeiter zu schützen, wurde Arbeitern aus China die Einreise verboten. Chinesen, die sich zu diesem Zeitpunkt bereits im Land befanden, aber keine US-Staatsbürger wa-

ren, konnten das Land nicht mehr verlassen. Taten sie
es dennoch, mussten alle Einreiseanträge erneut gestellt
werden. Eine Rückkehr war unter den neuen Einreise-
bedingungen jedoch nahezu unmöglich geworden. Zudem bestand ein Einbürgerungsverbot für Chinesen,
egal wie lange sich die Person bereits im Land aufgehalten hatte. Wer nicht in den USA geboren worden war
oder bis zum Inkrafttreten der Verordnung die Staats-
bürgerschaft erworben hatte, konnte kein Amerikaner
werden. Von den 9000 Chinesen, die 1883 in New York
ansässig waren, hatten nur 50 die US-Staatsbürgerschaft.
Der Chinese Exclusion Act sollte ursprünglich nur für
zehn Jahre gelten, tatsächlich behielt er jedoch bis 1965
seine Gültigkeit, dann unter dem Namen Magnuson
Act. Um dennoch einreisen zu können, nutzten viele
das Schlupfloch der »paper daughter« oder des »paper
son.« Die Beziehung dieser »Töchter« und »Söhne« zu
ihren angeblichen Angehörigen bestand nur auf dem Papier, gegen eine entsprechende Bezahlung wurde so aus
einem Fremden ganz schnell ein innigst geliebtes und
lang vermisstes Familienmitglied. Es ist anzunehmen,
dass auch Bow Kum 1903 als Papier-Tochter in die USA
einreiste.

In San Franciscos Chinatown lebten damals 21 000
Chinesen. Auf zwanzig Männer kam in der Regel eine
Frau. Im Rest des Landes war es nicht anders. China-
towns waren Gesellschaften von Junggesellen. In den
Vierteln waren Glücksspiel, Drogen und Prostitution zu
Hause. Die meisten Prostituierten in Chinatown waren
weiß. Kaum eine der wenigen chinesischen Prostituier-
ten, die es ins Land geschafft hatten, überlebte hier mehr

als fünf Jahre. Wurden sie in den Bordellen nicht mehr gebraucht, schoben ihre Besitzer sie in Wäschereien ab. Hier schufteten sie unter lebensunwürdigen Bedingungen, bis Krankheit, Erschöpfung und Auszehrung sie dahinrafften. Sing Kum, die noch vor dem Chinese Exclusion Act nach Amerika gekommen war, berichtete in den von ihr erhaltenen Briefen über die grausame Willkür ihrer kalifornischen Besitzerin: »Sie hat mich immer ausgepeitscht, an meinen Haaren gezogen und mir ins Innere meiner Wangen gekniffen.« Als sie es nicht mehr aushielt, lief Sing Kum eines Nachts davon. »Ich hatte große Angst, als ich die Straße entlangging. Die Hunde bellten, und ich fürchtete, meine Herrin würde mir folgen.« In einer Mission fand sie schließlich Unterkunft. »Ich klingelte zweimal, und als die Tür geöffnet wurde, rannte ich schnell hinein.«

Low Hee Tong, der die 15-jährige Bow Kum gekauft und in die USA geholt hatte, war einer der führenden Mitglieder der Four Brothers Tong. Er brachte das Mädchen in seinem Haus in der Ross Alley unter. Bow Kum war keine normale Prostituierte, ihr Kundenkreis bestand aus einflussreichen und wohlhabenden Chinesen, die ihre Erziehung und Bildung zu schätzen wussten. Sie war eine Kurtisane, ein Luxuscallgirl, das sich nicht jeder leisten konnte. Bow Kum wurde von ihrem Besitzer und ihrer ausgewählten Kundschaft mit Geschenken wie Schmuck und seidenen Kleidern bedacht. Über ihre Zeit in der Ross Alley ist wenig bekannt, nur dass sie fast vier Jahre dort blieb, bis zu dem Tag, an dem Low Hee Tong mit der Polizei in Schwierigkeiten geriet. Er hatte es womöglich versäumt, die zuständigen Polizisten mit ausreichend Schmiergeldzahlungen zu versorgen, zumindest deutete Lou Fook dies in seinem Gespräch mit Lewis an. Der Tempel der Venus, wie Fook das Haus nannte, wurde geschlossen. Da Low Hee Tong nicht nachweisen konnte, mit Bow Kum verheiratet zu sein oder mit ihr in einem verwandtschaftlichen Verhältnis zu stehen, wurde vom zuständigen Richter entschieden, sie der presbyterianischen Mission von Donaldina Cameron zu übergeben. Cameron hatte es sich zur Aufgabe gemacht, chinesische Sklavenmädchen zu befreien, um ihnen ein besseres Leben zu verschaffen. Sing Kum hatte sich bei ihrer Flucht in eine solche Mission gerettet.

Das Leben in der Mission war streng. Die Frauen wurden als Saisonarbeiterinnen in die Landwirtschaft vermittelt, und es wurde von ihnen erwartet, dass sie sich zum christlichen Glauben bekehrten. Sechs Monate blieb Bow Kum in der Mission. Das strenge puritanische Leben war nichts für sie, ebenso wenig konnte sie sich mit dem christlichen Glauben anfreunden. Alles war ihr fremd. Bow Kum war ein Leben in Luxus gewohnt. Sie wollte nicht auf trockenen Feldern in der Sommerhitze schuften. Sie war nicht dankbar, gerettet worden zu sein. Bereits in der Ross Alley hatte sie einen Fuhrunternehmer namens Chin Lem aus Stockton kennengelernt. Es war derselbe Chin Lem, der wenige Jahre später mit Prunk und Pomp in New York zu Grabe getragen wurde. Und er war derjenige, der Bow Kum das Tor raus aus der Mission öffnen sollte. Sie bat Cameron, Chin Lem einen Brief zu schreiben und ihn zu fragen, ob er sie nicht in der Mission besuchen könnte. Chin Lem stimmte zu, und die beiden trafen sich bewacht unter dem strengen Blick der Oberin. Cameron sprach kein Chinesisch und hatte keine Ahnung, worüber sich die beiden unterhielten. Dennoch gab sie Chin Lem ihren Segen, als er ihr zu verstehen gab, dass er Bow Kum heiraten möchte. Dass er in Kanton bereits verheiratet war, erwähnte er nicht. Cameron hätte der Ehe nicht zugestimmt. Für Bow Kum spielte es keine Rolle. Es war ihr egal, ob sie seine Haupt- oder seine Nebenfrau war. Sie wollte aus der Mission fort. Chin Lem war vermögend genug, sie zur Frau zu nehmen, und er schien nett zu sein. Was wollte sie mehr? Es war nur eine Frage der Zeit, bis Low Hee Tong von der bevorstehenden Hochzeit Wind bekam. Er hatte keine Einwände, wollte aber von Chin Lem das Geld und den Schmuck zurück, den Bow Kum in den letzten vier Jahren erhalten hatte. Im Gegenzug würde er ihm seine Rechte an ihr abtreten. Ein normaler Deal: Geld gegen Ware.

Chin Lem war daran nicht interessiert. Warum sollte er für etwas bezahlen, das er auch so bekommen konnte? Er verkaufte sein Geschäft in Stockton, heiratete Bow Kum in einer kleinen privaten Zeremonie in der Mission und machte sich auf den Weg Richtung Ostküste. Um Low Hee Tong abzulenken, ließ er sich für kurze Zeit in Chicago nieder, danach reiste er weiter nach New York. In der Mission hatte er genügend Geld zurückgelassen, damit seine Frau ihm mit dem Zug nachfolgen konnte. Einen Monat nach ihrer Eheschließung trafen beide schließlich in New York ein und ließen sich in der von den On Leong Tong kontrollierten Mott Street in Chinatown nieder.

Das Leben hätte nun seinen gewohnten Gang gehen

können, doch Low Hee Tong wollte auf die 3000 Dollar und den Schmuck nicht verzichten. Er wandte sich an die Four Brothers Tong. Im Beisein von Chin Lem und seiner Frau Bow Kum kam es zu einem Treffen. Die wichtigsten Männer beider Tong berieten sich im Hauptquartier der On Leong Tong in der 18 Mott Street. Die On Leong Tong kamen zu dem Schluss, dass Chin Lem keinerlei Zahlungen an Low Hee Tong zu leisten habe. Bow Kum wurde nach amerikanischem Recht aus der Obhut ihres Besitzers entfernt und in der Mission untergebracht. Low Hee Tong habe somit alle finanziellen Ansprüche an Bow Kum verwirkt. In einer Gesellschaft, in der nichts so wichtig ist, wie das Gesicht zu wahren, war dies eine heftige Ohrfeige für Low Hee Tong und seine Organisation. Er konnte und wollte sich damit nicht zufriedengeben, und nur wenig später war jedes freie Fleckchen Hauswand mit der Kriegserklärung der Four Brothers Tong an die On Leong Tong plakatiert. Chin Lem wurde darin ein letztes Mal aufgefordert, die 3000 Dollar zu bezahlen und den Schmuck auszuliefern. Sollte dies nach Ablauf einer Frist von zwei Tagen nicht geschehen sein, würden er und seine Frau Bow Kum getötet werden.

Obwohl jede Person in Chinatown von der Kriegserklärung wusste und alles schwarz auf weiß in den Wandzeitungen zu lesen war, blieb die New Yorker Polizei ahnungslos. Sie hatte auch keinen Schimmer davon, dass die Tong eilig ihre Auftragskiller, die Hatchet-Men, in die Stadt holten. Chinesische Auftragsmörder kamen niemals aus der eigenen Stadt. Sie wurden, wie bereits im ersten Tong War, aus Chicago, Boston, Pittsburgh oder

Philadelphia importiert. Sie töteten meist lautlos mit Beilen, Äxten oder Messern. Nach der Tat verschwanden sie sofort. Die Täter blieben unerkannt, und ein Aufspüren durch die örtliche Polizei war unmöglich. Chin Lem sagte später vor Gericht aus, seine Frau sei bereit gewesen, ihren Anteil von 1500 Dollar an die Four Brother Tong zu zahlen, doch Chin Lem wollte nicht nachgeben. Die weisen Männer seiner Tong hatten entschieden, und die Hatchet-Men der eigenen Tong waren bereits auf dem Weg in die Stadt. Er fühlte sich sicher. Dennoch brachte er vorsichtshalber Kleider und Schmuck in einer Wohnung auf der anderen Straßenseite unter.

Der 14. August 1909 soll ein gewöhnlicher Tag gewesen sein. Bow Kum und er hatten wie jeden Tag Schwalbennestersuppe gegessen, gefolgt von Chop Suey und Haifischflossen. Danach ist er über die Straße zu seinen Freunden Karten spielen gegangen. Bow Kum blieb wie meist allein in ihrem Zimmer. Sie sei ein wenig besorgt gewesen, aber er habe sie beruhigen können, wird Chin Lem später sagen, waren sie doch im Herzen des von On Leong Tong kontrollierten Gebietes. Das Hauptquartier war nicht einmal einen Steinwurf entfernt, und die ersten Hatchet-Men zu ihrem Schutz waren bereits im Viertel eingetroffen.

Wie die *New York Times* später berichtete, ließ sich nicht mehr genau feststellen, wann Bow Kum ermordet worden war. Die Polizei ging von kurz nach Mitternacht aus. Der Samstagabend in Chinatown hatte gerade seinen Höhepunkt erreicht. Viele New Yorker waren zum Essen und Feiern gekommen. Die Restaurants, Spielhöhlen und Opium-Dens waren voll. Aus den Chop-Suey-

Restaurants zu beiden Seiten der Mott Street drang Musik, als um zwei Uhr ein Mann schreiend aus der schmalen Seitengasse zwischen der Nummer 17 und 19 lief: Chin Lem. Immer wieder rief er, dass Bow Kum ermordet worden war. Lou Fook, der Eigentümer der 21 Mott Street, war der Erste, der ihm zu Hilfe eilte. Lou Fook war es auch, der Chin Lem überredete, in das Hinterhaus der 17 Mott Street zurückzukehren. Die Luft war geschwängert vom Duft des Opiums. In dem sechsstöckigen Gebäude lebten fast überwiegend Chinesen. Viele von ihnen waren mit weißen Frauen verheiratet. Lou Fook erinnerte sich später, dass sich keiner der Nachbarn an den Fenstern blicken ließ. Er wird sagen, dass es ungewöhnlich still war, als habe es keine Menschenseele weit und breit gegeben. Dabei war die Straße wenige Minuten zuvor vom Lärm der Feiernden erfüllt gewesen. Gemeinsam stiegen die beiden Männer durch das schmale Treppenhaus in den zweiten Stock hinauf. Am oberen Ende der Treppe lag Bow Kum auf dem Boden in einer Lache aus Blut. In der Zeitung stand, sie habe eine gelbe Bluse, blaue seidene Pantalons sowie Sandalen getragen. Lou Fook sah sofort, dass Bow Kum nicht mehr zu helfen war. Gefolgt von Chin Lem lief er die Treppen wieder hinunter, um die Polizei zu rufen. Bow Kum war durch eine lange Schnittwunde und zwei Stiche ins Herz getötet worden. Die Waffe, ein Jagdmesser, steckte neben ihr in den Dielen. Bei der Untersuchung durch den Gerichtsmediziner wurden Würgemale am Hals und Abwehrverletzungen an den Händen festgestellt. Zunächst fiel der Verdacht auf ihren Mann, da sein blutiger Handabdruck an einer der Türen im Treppenhaus gefunden wurde. Wenige Tage darauf wurden zwei Männer der Four Brothers Tong verhaftet. Der nachfolgende Prozess führte zu nichts, die beiden wurden aus Mangel an Beweisen freigesprochen. Enttäuscht von diesem Urteil, nahmen die On Leong Tong blutige Rache. Elf Menschen ließen bei den Auseinandersetzungen ihr Leben. Bis es schließlich 1910 zum Friedensschluss der beiden Tong kam. Die Four Brothers Tong zogen sich von allen kriminellen Aktivitäten zurück. Niemand wurde je für den Tod von Bow Kum zur Verantwortung gezogen.

Woran Chin Lem 1914 starb, geht aus den Zeitungsartikeln nicht hervor. Andeutungen legen nahe, dass es sich um keinen natürlichen Tod gehandelt haben könnte. Auch der Verbleib der letzten Ruhestätten von Chin Lem und Bow Kum ist ungeklärt. In den Unterlagen des Cypress Hills Cemetery sucht man ihre Namen heute vergeblich. Es ist möglich, dass ihre sterblichen Überreste exhumiert und nach China überführt wurden, eine Praxis, die bei chinesischen Einwanderern und ihren Angehörigen sehr beliebt war. Viele von ihnen wollten in der heimatlichen Erde zur letzten Ruhe gebettet werden. Bow Kum und Chin Lems Geschichte verliert sich somit im Dunkeln. Es wäre Bow Kum zu wünschen, dass sie das Rennen zum Tor des Paradieses gewonnen und einen schönen, friedvollen Platz gefunden hat. Mit oder ohne Unterstützung eines Geisterjägers.

Der Mord an Anna Aumüller

Hart Island liegt am westlichen Ende des Long Island Sound. 1654 kaufte der in England geborene Arzt Thomas Pell die 101 Hektar große Insel den dort ansässigen indigenen Siwanoy ab. Während des Bürgerkriegs 1861–1865 wurde die Insel von der Regierung in Besitz genommen. Sie diente als Ausbildungslager für die Soldaten der Nordstaaten. 1868 kaufte die Stadt New York Hart Island und errichtete dort während der Gelbfieberpandemie eine Quarantänestation. Später wurde auf der Insel eine Erziehungsanstalt für männliche Jugendliche gegründet, und während des Zweiten Weltkriegs waren deutsche Kriegsgefangene auf Hart Island untergebracht. Die meisten Gebäude stehen heute leer und sind dem Verfall preisgegeben.

Im Frühjahr 2020 rückte die Insel in den Blick der weltweiten Öffentlichkeit. Die Coronapandemie hatte New York fest im Griff. Alle Verstorbenen, bei denen sich kein Angehöriger innerhalb einer Frist von zwei Wochen meldete, wurden in Massengräbern auf der Insel bestattet. Täglich wurden 2600 Särge mit der Fähre von New York nach Hart Island verschifft. In die Gruben von der Größe eines Tennisfeldes passten bis zu

150 Särge. Die schlichten Holzsärge wurden fein säuberlich nummeriert und in Dreierreihen aufgestapelt. Sollte sich später noch ein Angehöriger melden, erleichterte dies die Exhumierung. Die Kosten für die Bestattung und Exhumierung werden von der Stadt New York übernommen.

Die Bilder der Kiefersärge und der Bulldozer erschütterten die Menschen vor den Fernsehern, dabei werden bereits seit 150 Jahren die Armen und unbekannten Toten der Stadt auf Hart Island begraben. Das Potter's Field, wie Armenfriedhöfe genannt werden, ist das größte des Landes. Über eine Million Menschen fanden im schlammigen Boden der Insel ihre letzte Ruhe. Unter ihnen Anna Aumüller, eine junge Frau aus der österreich-ungarischen Doppelmonarchie.

Anna Aumüller wurde 1892 in Ödenburg, dem heutigen Sopron, geboren. Über ihre Kindheit und ihr späteres Leben ist nur wenig bekannt. Ihrer Freundin Anna Huttner gegenüber erwähnte sie, als uneheliches Kind zur Welt gekommen zu sein. Ein Makel, unter dem sie ihr ganzen Leben litt. Wann genau Anna Aumüller nach Amerika immigrierte, ist unbekannt, ebenso ob sie allein oder in Begleitung kam. Ihrer Freundin erzählte sie, sie sei bereits als Kind ausgewandert und habe als Teenager ihren Lebensunterhalt mit Kochen und Saubermachen verdient. Das ist nicht ungewöhnlich, viele junge Frauen arbeiteten als Haushaltshilfen, und nicht wenige unter ihnen taten dies bereits ab ihrem zwölften Lebensjahr.

Im Dezember 1910, Anna Aumüller ist seit mindestens fünf Jahren in New York, tritt sie eine Stelle als Hausmädchen in der Pfarrei St Boniface in Harlem an. Die kleine katholische Kirche wurde 1858 gegründet und wird überwiegend von deutschen Einwanderern besucht, die im Viertel Turtle Bay leben. Neben der Kirche gibt es eine kleine Schule, in der Englisch und Deutsch unterrichtet wird. Im Pfarrhaus leben neben Aumüller der Pfarrer Father Brown, dessen Schwester Magdalena und Anna Hirt, eine weitere Haushaltshilfe. Anna Aumüller fühlt sich nicht besonders wohl in ihrer neuen Stellung. Die Schwester des Pfarrers ist eine strenggläubige Frau. Aumüller schreibt an Huttner: »Manchmal fühle ich mich sehr einsam, weil ich es satthabe, für andere zu arbeiten, und weil man nie der eigene Chef ist. Mir kommt es so vor, als wäre ich im Gefängnis. Das andere Mädchen hier kommt aus New York. Sie sagt, wir sehen aus wie Häftlinge, weil vor den Küchenfenstern Eisenstangen sind, und wir nennen die Küche darum Sing Sing.«

Um diese Zeit tritt auch ein junger Priester seine Stelle in der Gemeinde an: Hans Schmidt. Wie Anna ist auch er aus Deutschland in die USA ausgewandert. Schmidt wird als gut aussehend und charmant beschrieben. Zu diesem Zeitpunkt ist er 29 und sie 19 Jahre alt. Als er kurze Zeit später erkrankt, ist es Anna, die ihn pflegt und versorgt. Die beiden kommen sich näher und beginnen ein Verhältnis. Hirt, die wie Aumüller in der Pfarrei arbeitet, sagt später vor Gericht, Anna habe von Schmidt nie als ihrem Verlobten gesprochen. Wenn sie dennoch, was selten vorkam, über ihre Treffen sprach, so sagte sie: »Gestern Nacht war ich mit dem Baron aus.«

Im Dezember 1911 ist Anna zum ersten Mal schwanger. Die illegale Abtreibung wird von einem Arzt in der

Bronx durchgeführt. Im Mai 1912 wechselt Schmidt von St Boniface nach St Joseph, es war zu Meinungsverschiedenheiten mit Father Brown gekommen. Dieser war mit der saloppen Art, wie Schmidt die Messen hielt, nicht einverstanden. Zudem hatte er den Verdacht, dass Schmidt sich nicht an das Zölibat hielt.

Von nun an ist Schmidt in der 125th Street in Harlem als Priester tätig, am Verhältnis zwischen ihm und Anna ändert dies jedoch nichts. Bald ist Anna erneut schwanger, dieses Mal verlässt sie das Land, um die Abtreibung in Wien vornehmen zu lassen. Schmidt bezahlt die Überfahrt und den Eingriff. Anna bleibt knapp sechs Monate in Europa, am 27. Oktober 1912 geht sie in Hamburg an Bord der Pretoria, und nach zwei Wochen kommt sie am 10. November 1912 in New York an. Auf dieser Fahrt lernt sie Anna Huttner aus Cincinnati, Ohio, kennen. Wie Aumülller war auch Huttner als junges Mädchen in die Staaten immigriert. In der um wenige Jahre älteren Huttner findet Aumüller eine Freundin und Vertraute. Zwischen den beiden gibt es keine Geheimnisse. Die Frauen bleiben in Kontakt. »Ich habe fast geweint, als ich las, dass ich Ihnen vertrauen konnte, so glücklich war ich darüber. Es muss von Gott geplant gewesen sein, dass wir uns in Hamburg treffen sollten.« Die Freundin weiß von dem schwierigen Verhältnis zwischen Anna und Schmidt. Anna bittet sie, keine Namen zu nennen, sie hat Angst, die Schwester des Pfarrers würde die Postkarten und Briefe lesen. Anna erzählt ihrer Freundin, dass sie hofft, mit Schmidt ein normales Leben führen zu können. Angeblich habe er ihr gegenüber schon mehrfach angedeutet, dass er gar nicht wisse, wie er überhaupt durch das Priesterseminar gekommen sei. »Eines Tages werde ich meine Soutane an einen hohen Haken hängen«, habe er ihr gesagt.

In den Briefen an ihre Freundin schreibt Anna über ihre Wünsche und Sehnsüchte: »Liebes Fräulein Anna (Huttner), ich sehne mich nach Reisen. Ich möchte als Stewardess auf einem Schiff die ganze Welt bereisen. Ich hoffe, dass wir die Reise in die alte Heimat noch einmal gemeinsam machen können.« Sie berichtet von Ausflügen nach Coney Island und zum Palisades Amusement Park, die sie gemeinsam mit ihrem Geliebten unternimmt. Schmidt trägt auch hier immer einen Kollar und ist für jeden als Geistlicher erkennbar. Ein Umstand, der Anna sehr unangenehm ist. Ihr wäre es lieber, wenn sie sich nicht von den anderen Paaren unterschieden. Wenig später schreibt sie in einem ihrer Briefe an Huttner von einer erneuten Schwangerschaft. Sie hofft, das Kind dieses Mal behalten zu können. Heimlich beginnt sie damit, Kleidung für den Säugling zu nähen. Sie weiß, dass die Schwangerschaft nicht ewig verborgen bleiben kann. In ihrem letzten Brief an Huttner schreibt Anna, dass sie aus St Boniface fortgehen wird: »Ich weiß meine neue Anschrift noch nicht. Ich verlasse das Refektorium am 1. September.« Magdalena findet schließlich alles heraus, und es kommt zum Eklat. Anna muss sofort gehen. Hirt, die mit ihr gemeinsam in der Küche und im Haushalt gearbeitet hat, hilft beim Packen. Nach dem Streit verlässt Anna das Haus einen Tag früher als geplant, sie geht bereits am 31. August.

Am 5. September 1913 gegen 10 Uhr morgens entdeckt die 18-jährige Mary Bann einen verdächtigen Gegenstand nahe Cliffside Park, New Jersey, im Hudson River. Gemeinsam mit ihrem elfjährigen Bruder Albert steigt sie die Böschung hinunter zum Fluss. Der Gegenstand, der in Ufernähe treibt, sieht nach einem Kissenbezug aus. Neugierig geworden, ziehen sie ihn gemeinsam aus dem Wasser. Als sie ihn öffnen, entdecken sie einen weiblichen Torso. Wenige Tage später wird etwas flussabwärts bei Weehawken, ebenfalls auf der New-Jersey-Seite des Hudson, ein weiteres Paket aus dem Wasser gefischt. Bei den gefundenen Leichenteilen finden sich keinerlei persönliche Gegenstände. Nichts deutet auf die Identität der Toten hin. Der Kopf der Frau bleibt verschwunden.

Der Gerichtsmediziner vermutet, die Unbekannte lag noch nicht lange im Wasser. In seinem Bericht hält er fest, sie sei frühestens am 2. September ums Leben gekommen. Das Alter der Toten schätzt er auf ungefähr 25 Jahre. Zur Todesursache kann er keine Angaben machen, da nicht alle Teile der Leiche gefunden wurden.

Die Ermittler haben nur einen einzigen Anhaltspunkt: Im Kissenbezug findet sich ein Label mit dem Namen des Herstellers – Robinson-Boders, Newark, New Jersey. Mit diesem mageren Hinweis beginnen die polizeilichen Untersuchungen.

Robinson-Boders hat die Bezüge für Sachs Furniture in Manhattan gefertigt. Der Inhaber Georg Sachs gibt an, die Bezüge zweimal verkauft zu haben. Die erste Kundin scheidet nach kurzen Ermittlungen aus, zum zweiten Käufer kann Sachs zunächst keine Angaben machen. Daraufhin werden von den Ermittlern alle Rechnungen der letzten sechs Monate durchgesehen. Eine Rechnung vom 26. August 1913 fällt auf. Laut ihr wurde an diesem Tag ein Boxspringbett mit Matratze und Kissen für einundzwanzig Dollar und achtundsechzig Cent verkauft. Die gekauften Gegenstände sind bis auf die Kissen aus zweiter Hand. Es stellt sich heraus: Sachs hat einen Fehler begangen und anstatt der billigeren Kissenbezüge auf der Rechnung die teureren zu 95 Cent geliefert. Der Kunde hatte die Ware in bar bezahlt. Dem Ladeninhaber fällt nun auch wieder ein, dass es sich bei dem Käufer um einen Mann mit starkem deutschen Akzent gehandelt habe. Der Unbekannte habe sich als A. Van Dyke vorgestellt. Seine Frau und er seien neu in der Stadt, habe er gesagt, und ob es möglich wäre, alles noch am selben Tag zu bekommen. Geliefert wurden die Möbel und auch die Bezüge in eine Wohnung im zweiten Stock der 68 Bradhurst Avenue, nur einen Katzensprung vom Geschäft entfernt.

In der Bradhurst Avenue stellt sich heraus, dass die Wohnung tatsächlich erst vor Kurzem gemietet worden war. Der Name des Mieters ist jedoch nicht Van Dyke, sondern Schmidt. Laut dem Hausmeister wollte der Mann die Wohnung noch am selben Tag beziehen. Die Frau habe er nicht zu Gesicht bekommen. Seit dem Einzug vor wenigen Tagen waren weder der Mann noch die Frau gesehen worden. Die Ermittler lassen daraufhin die Wohnung öffnen. Auf den ersten Blick wirkt alles aufgeräumt und sauber. Die Rechnung auf dem Büfett in der Küche ist auf dem Namen Van Dyke ausgestellt und bestätigt den Kauf sowie die Lieferung der Möbel. Im Schlafzimmer sind verwischte Blutspuren. In der Wohnung finden die Ermittler Briefe mehrerer Frauen, die meisten von einer Anna Aumüller. Alle an H. Schmidt adressiert. Als Absender ist die Anschrift der Pfarrei St Boniface angegeben.

In der Pfarrei stellt sich heraus, dass Anna Aumüller ihre Stelle vor wenigen Tagen wegen ihres nicht mit den moralischen Grundsätzen der Gemeinde übereinstimmenden Lebenswandels verlassen musste. Hirt bestätigt, dass die Kleidung, die bei der Toten gefunden wurde, mit der übereinstimmt, die Anna beim Verlassen der Pfarrei getragen hat. Der Ermittler will wissen, ob in der Pfarrei ein Mann namens H. Schmidt bekannt sei. Father Brown gibt an, dieser habe ebenfalls wegen Unstimmigkeiten die Pfarrei verlassen und sei nun als Priester in St Joseph tätig.

In St Joseph bekennt sich Schmidt sofort schuldig. Anna sei bei einer illegalen Abtreibung zu Tode gekommen, sagt er den Ermittlern, und in seiner Verzweiflung habe er sich nicht zu helfen gewusst, ihren Körper zerstückelt und im Hudson versenkt. Außerdem gibt er an, mit Anna verheiratet gewesen zu sein. Der Standesbeamte wird später zu Protokoll geben, dass Schmidt ihm gegenüber gesagt habe, er sei Arzt, auf seinen Kollar angesprochen, habe Schmidt unwirsch reagiert.

Schmidt sagt außerdem aus, er habe, nachdem er Anna in den Fluss geworfen hat, wie gewöhnlich die Messe in St Joseph gelesen. Nach seinem Geständnis lässt er sich widerstandslos festnehmen.

Die Nachricht vom Priester, der seine Geliebte zerstückelt in den Hudson geworfen hat, macht im ganzen Land Schlagzeilen. In Richmond, Virginia, schreibt die

Times-Dispatch, Schmidt habe bei seiner Festnahme gesagt, dass er Anna getötet habe, weil er sie so sehr liebe. »Sie war so schön, so gut … Ich hatte mich entschieden, wir beide konnten nicht zusammenleben. Ich bin Priester und muss in meiner Kirche bleiben. Ich konnte sie nicht fortgehen lassen.«

Hans Schmidt wurde am 15. Juli 1881 in Aschaffenburg geboren. Er war das sechste von zehn Kindern und der Liebling seiner tiefreligiösen Mutter. Als sie beim sechsjährigen Hans ein Mal auf der Brust entdeckte, glaubte sie darin ein Zeichen Gottes zu sehen. Dem Kind erklärte sie, dass das Mal genau an der Stelle sei, an der die Brust des gekreuzigten Jesus mit der Lanze durchstoßen worden war. Mit der Mutter besuchte Hans täglich den Gottesdienst, und Abend für Abend beteten sie bis spät in die Nacht den Rosenkranz. Der Haushalt und die Geschwister waren meist sich selbst überlassen. Die Mutter war damit beschäftigt, dem nun Achtjährigen mehrere Messgewänder zu nähen, damit dieser vor einem eigens für ihn errichteten Hausaltar die Messe in Latein lesen konnte. Schmidts Vater arbeitete bei der Eisenbahn und war ständig unterwegs. Er konnte mit der Religiosität seiner Frau wenig anfangen. Die Stimmung zu Hause war oft angespannt, frustriert schlug er Frau und Kinder. Über seinen Sohn sagte er später, er sei ein guter Junge gewesen, ein guter Sohn, und dass seine Frau es mit der Religion übertrieben habe.

Mit zehn Jahren machte Schmidt erste sexuelle Erfahrungen mit einem Jungen aus der Nachbarschaft. Die Kinder zogen sich aus, berührten sich gegenseitig. Die Spiele und das damit verbundene »Geheimnis« empfand er als erotisierend. Wenig später stellte er fest, dass der Anblick von Blut ihn sexuell erregte. Oft besuchte er das örtliche Schlachthaus und sah zu, wie die Tiere ausgeweidet und zerlegt wurden. Einmal schlug er den Gänsen seiner Mutter die Köpfe ab und trug sie in seiner Hosentasche mit sich herum. Nachdem der Vater es entdeckte, verprügelte er den Jungen. Zu seinen Geschwistern hielt das Kind Abstand, nur mit seiner älteren Schwester Gertrud fühlte er sich verbunden.

1895 zog die Familie von Aschaffenburg nach Mainz. Hier besuchte Schmidt das Gymnasium und später das Priesterseminar. Auch dort blieb er ein Sonderling und Einzelgänger. Erste Zweifel an seiner mentalen und moralischen Eignung zum Priesteramt entstanden. Schmidt führte Selbstgespräche, war sprunghaft, fand keinen Kontakt zu seinen Kommilitonen. Nachts schlich er sich aus dem Seminar fort, um in zweifelhaften Spelunken Violine zu spielen. Das Geld verschenkte er am nächsten Tag. Gleich darauf jammerte er, er habe keinen Pfennig, um sich Essen zu kaufen. Er wurde gesehen, wie er nur in Unterwäsche Fahrrad fuhr.

Trotzdem wurde er am 23. Dezember 1904 von Bischof Georg Heinrich Kirstein zum Priester geweiht. Das behauptete zumindest Hans Schmidt. Die Weihe habe er abseits der anderen allein empfangen. In der Nacht zuvor war ihm die heilige Elisabeth erschienen. Sie, so sagte Schmidt, habe ihn zum Priesteramt auserkoren, und durch sie habe er die Priesterweihe erhalten. Von Mainz ging er nach München.

Er behauptete, hier Medizin studiert zu haben, und untermauerte dies mit gefälschten Zeugnissen. Als Doktor Zantor bot er Studenten an, sie gegen Geld mithilfe der Telepathie bei ihrem Examen zu unterstützen. Sollte dies nichts bringen, könnte er ihnen gefälschte Examenszeugnisse ausstellen. 1908 wurde er in München wegen Urkundenfälschung festgenommen. Der Vater bestellte einen Rechtsanwalt, dem es gelang, den Richter von der Unzurechnungsfähigkeit seines Mandanten zu überzeugen. Schmidt wurde in die Obhut seines Vaters entlassen, mit der Auflage, sich in ein Sanatorium einweisen zu lassen. Vom Bistum München wurde Schmidt 1909 seines Priesteramts enthoben. Seine Existenz lag in Scherben. Doch wenn er von zu Hause wegginge? Auf der anderen Seite des Atlantiks würde ihn niemand kennen.

Im Juni des gleichen Jahres schiffte er sich von Bremen in die USA ein. Mit echten und gefälschten Empfehlungsschreiben landete er schließlich in Louisville, Kentucky. In der Pfarrei St John wurde er als Priester angenommen. Doch schon bald kam es zu einem Zerwürfnis mit dem Pfarrer der Gemeinde. Nach einem kurzen Aufenthalt in der Pfarrei St Francis in Trenton, New Jersey, gelangte er schließlich in die Pfarrei St Boniface. Hier lernte er Anna Aumüller kennen. Die junge Frau wies anfangs die Zuneigungsbekundungen Schmidts zurück. Doch er ließ sich nicht abweisen. Als sie das erste Mal miteinander schliefen, hatte der Akt etwas Gewaltsames. Anna wollte es nicht. Sie wollte nichts Unrechtes tun, und das Verhältnis mit einem Priester ist Sünde. Sie ließ sich einreden, die Schuld für seine Versuchung liege allein bei ihr. Immer wieder gab sie seinem Drängen nach. Sie wollte, dass er sich für sie und gegen das Priesteramt entschied. Er vertröstete sie. Nach seinem Wechsel zu

St Joseph ging ihr Verhältnis weiter. Als sie ihn in seiner neuen Stelle besuchte, vollzog er mit ihr den Beischlaft auf dem Altar der Kirche. Anna wehrte sich, wieder wollte sie das nicht, und wieder ignorierte er sie.

Später wird er sagen, dass ihm hier zum ersten Mal von Gott der Befehl erteilt wurde, Anna zu opfern. Während er mit ihr schlief und dabei zum Tabernakel blickte, vernahm er die Stimme des Herrn. Laut und deutlich.

Anna sei das Wichtigste in seinem Leben gewesen, es verwundere ihn daher nicht, dass Gott ihm diese Prüfung auferlege. Diese Geschichte wird er jedoch erst erzählen, nachdem es in der ersten Verhandlung zu einer »hung jury« und somit zu keinem Urteil kommt. Die Verhandlung muss wiederholt werden. Im zweiten Prozess ist von seinem Verteidiger alles auf eine Verurteilung mit verminderter Zurechnungsfähigkeit hin ausgerichtet. Gutachter werden bestellt, und sein Vater reist mitsamt seiner Schwester Gertrud aus Deutschland an, um Schmidt beizustehen. Immer mehr Einzelheiten kommen ans Licht. Immer mehr bröckelt das Bild des charismatischen und charmanten Priesters, zum Vorschein kommt eine skrupellose, hinterlistige und instabile Person.

Father Huntman aus der Pfarrei St Joseph berichtet von mehreren unerfreulichen Zwischenfällen. So hat Schmidt einem anderen Priester, der in der Pfarrei zu Gast war, Geld gestohlen. Auch an den Spendengeldern der Gläubigen hielt er sich schadlos. Vier Wochen vor Anna Aumüllers Tod habe eine Freundin Schmidts sich als Anna ausgegeben und eine Lebensversicherung über

5000 Dollar, ungefähr 150000 Dollar heutiger Kaufkraft, abgeschlossen. Der Begünstigte ist kein anderer als Schmidt.

Der Priester hat mindestens vier Wohnungen unter verschiedenen Namen in Manhattan angemietet. In einer davon wird eine Fälscherwerkstatt entdeckt. Mit einem Freund, der zugleich sein Geliebter ist, produziert er hier Falschgeld. Auch ist er angeblich nicht allein in die Staaten immigriert. Mehrere Zeugen bestätigten unabhängig voneinander, dass er sich bei seiner Überfahrt in Begleitung einer jungen Frau befunden haben soll. Diese habe sich als seine Ehefrau ausgegeben. Ihre Identität konnte nie ermittelt werden. Bei den von der Polizei in der Bradhurst Avenue gefundenen Briefen fand sich einer, der vermuten lässt, dass sie vielleicht noch mit ihm in Louisville war, danach verlor sich jede Spur.

In dem Haus, das er als A. Van Dyke gemietet hat, stellte er der Hausmeisterin einen circa fünfjährigen Jungen als seinen Sohn vor. Die Frau sagt aus, das Kind habe ihm wie aus dem Gesicht geschnitten geähnelt. Sie habe auch kurz mit dem Jungen gesprochen und ihn nach seinem Namen gefragt. »August Van Dyke«, habe er ihr geantwortet. Es war das einzige Mal, dass sie das Kind zu Gesicht bekam. Die Ehefrau des Mieters habe sie nie gesehen.

Die Polizei sucht zudem nach einer weiteren Frau, ihr Name ist Helen Green, zumindest ging man davon aus, da Briefe unter diesem Namen gefunden wurden. Green hatte seit Januar 1913 in der 201 West 119th Street gewohnt, nur wenige Blocks von der Wohnung entfernt, die Schmidt unter dem Namen Van Dyke angemietet hatte und in dessen Treppenhaus er mit dem Kind gesehen worden war. Green und Schmidt hatten sich vermutlich während Anna Aumüllers Abwesenheit im November oder Dezember 1912 kennengelernt. Beide wurden häufiger gesehen. Sie besuchten gemeinsam verschiedene Broadway-Shows. Bekannte der beiden sagten später aus, Schmidt habe sich ihnen als Baron vorgestellt. Er sei der Sohn einer deutschen Adelsfamilie. Kurze Zeit später erzählte Green, sie würden New York verlassen und nach Chicago gehen. Das war ungefähr zu der Zeit, als Anna Aumüller aus Europa zurückkam. Alle Briefe, die von ihr geschrieben wurden, waren in New York abgeschickt worden, kein einziger kam aus Chicago oder einem anderen Ort in den USA. Auch Greens Spur verliert sich im Nichts, wie die der unbekannten Ehefrau.

Am 5. Februar 1914, nach einer nur drei Stunden dauernden Beratung, wird Schmidt für den Mord an Anna Aumüller schuldig gesprochen. Nachdem ihm das Todesurteil verkündet worden ist, sagt er: »Ich bin zufrieden mit dem Urteil. Ich würde lieber heute als morgen sterben.« Später scheint er sich dessen nicht mehr so sicher zu sein. Er unternimmt mehrere Versuche, in Revision zu gehen. Nicht er, sondern sein Geliebter hätte Anna Aumüller ermordet. Sie selbst hätte die Abtreibung vorgenommen und sei dabei ums Leben gekommen. Er sei unzurechnungsfähig und könne darum nicht für die Tat verurteilt werden. All dies hilft ihm nichts, er wird in das Gefängnis Sing Sing in Ossining, New York, eingeliefert und wartet im Todestrakt auf seine Hinrichtung.

Und dann gibt es noch den Mord an der achtjährigen Alma Kellner aus Louisville in Kentucky. Am 8. Dezember 1909 sahen mehrere Zeugen die kleine Alma, wie sie die kurze Strecke von ihrem Elternhaus zur St-John-Kirche ging. Eine Apothekerin erinnert sich daran, dass Alma vor der Auslage anhielt, um sich die Katze anzusehen, die im Fenster schlief. Der Briefträger erinnert sich, dass sie ihn im Vorübergehen gegrüßt hat.

Einige Gläubige, die ebenfalls auf dem Weg zur Kirche waren, sagten aus, sie hätten ein kleines Mädchen mit einem schwarz-weiß karierten Mantel mit Samtkragen und einem roten pilzförmigen Hut gesehen. Alma hatte genauso einen Mantel und Hut an diesem Tag getragen. Aber nach dem Gebet sah niemand Alma jemals wieder. Zunächst wurde an eine Entführung gedacht. Almas Familie gehörte eine erfolgreiche Brauerei. Ihr millionenschwerer Onkel Frank Fehr lobte eine Belohnung aus, aber niemand forderte das Geld ein. Die Zeit verging. Alma blieb verschwunden.

Im Mai 1910 steht der Keller der an die Kirche anschließenden Pfarrschule unter Wasser. Eine Sanitärfirma wird beauftragt, das Wasser abzupumpen und den schlammigen Boden zu reinigen. Der Arbeiter hat gerade begonnen, den Boden freizulegen, als er einen Kinderschuh entdeckt. Nach weiterem Graben kommt ein Fuß zum Vorschein und schließlich ein in einen Teppich gehülltes Skelett eines Kindes.

Bei der anschließenden Untersuchung durch den Gerichtsmediziner wird festgestellt, dass der Versuch unternommen worden war, den Leichnam zu zerstückeln und zu verbrennen. Teile des Körpers fehlen, und es wird eine schwere Verletzung am Kopf festgestellt. Durch die zahnärztlichen Unterlagen kann die Tote als Alma Kellner identifiziert werden.

Schnell steht fest, dass nur jemand, der mit dem Grundriss des Kirchengeländes vertraut ist, wissen kann, wie man in den Keller gelangt. Es gibt nur einen einzigen Zugang, und der liegt versteckt unter einer Falltür. Der Täter muss die Tat geplant haben, hat er doch für sein Opfer ein kleines Loch in den Boden gegraben. Wäre der Keller nicht geflutet worden, wäre die Leiche nie gefunden worden.

Der Verdacht fällt auf den Hausmeister Joseph Wendling, einen französischen Einwanderer. Kurz nachdem Alma vermisst gemeldet wurde, ist auch er verschwunden. Erst nach einer landesweiten Suche wird er in New Orleans gefasst. Er bestreitet die Tat. Auf die Frage, warum er fortgegangen ist, sagt er, er habe sich mit seiner Frau nicht mehr verstanden. Sie sei wesentlich älter als er, und der 27-Jährige fühle sich in seinem Leben mit ihr eingesperrt. Die kleine Alma kenne er vom Sehen, aber er habe sie nicht getötet. Obwohl Wendling die Tat bestreitet, wird er verurteilt und Jahre später nach Frankreich abgeschoben. Zeit seines Lebens behauptet er, unschuldig zu sein.

Schmidt war von Sommer 1909 bis zum Frühjahr 1910 als Priester in der Pfarrei St John angestellt. In der Todeszelle einsitzend, sagt er, er würde die Schuld für die Tat auf sich nehmen, wenn Wendling aus dem Gefängnis entlassen werden würde. Für ihn spiele es keine Rolle mehr, er könne nur einmal hingerichtet werden. Schmidt kann es nicht lassen, er will sich als Märtyrer inszenieren. Dabei entsprechen Tat und Vorgehensweise durchaus dem bei Anna Aumüller ausgeführten Muster.

Am Freitag, den 18. Februar 1916, geht Schmidt ruhig und vom Gefängnisgeistlichen begleitet zu seiner Hinrichtung. Die Nacht hat er mit dem Geistlichen im Gebet verbracht. Eine Henkersmahlzeit lehnt er ab. Nur eine Tasse Kaffee nimmt er am Morgen zu sich. Als er den Todestrakt verlässt, verabschiedet er sich von den anderen Gefangenen, an deren Zellen er vorübergeführt wird. Als er den Hinrichtungsraum betritt, will ihn einer der Wärter zum Stuhl führen, aber Schmidt lehnt ab. Seine letzten Worte richtet er an seine Mutter in Deutschland, von ihr verabschiedet er sich. Dann setzt er sich auf den elektrischen Stuhl. Lässt sich anschnallen und zur Hinrichtung vorbereiten. Bei alledem bleibt er ruhig. Drei Mal wird der Strom durch seinen Körper gejagt. Um 5:58 Uhr wird er für tot erklärt.

Schmidts Familie will den Leichnam nach Deutschland überführen lassen. Durch den Kriegseintritt der USA wird dies unmöglich.

Richtet sie hin!

Am 12. Januar 1928 schießt Thomas James Howard Jr., ein junger Fotograf, der für die *Chicago Tribune* arbeitet, im berüchtigten Gefängnis Sing Sing in Ossining, New York, das Foto seines Lebens. Die Aufnahme zeigt Ruth Snyder auf dem elektrischen Stuhl im Augenblick ihres Todes. Snyder hatte zehn Monate vorher gemeinsam mit ihrem Geliebten Henry Judd Gray ihren Ehemann Albert umgebracht. Die ermittelnden Beamten brauchen nicht einmal 36 Stunden, um die Täter zu überführen. Nach einem Sensationsprozess werden beide zum Tod auf dem elektrischen Stuhl verurteilt. Snyder und Gray sterben sieben Monate nach ihrer Verurteilung am selben Tag im Abstand von nicht einmal sechs Minuten.

Ruth ist nicht die erste Frau, die in Sing Sing durch den elektrischen Stuhl hingerichtet wurde. Bereits neunundzwanzig Jahre zuvor, am 20. März 1899, starb Martha Place durch Elektrifizierung. Der Tod durch Strom galt als schnell und effizient. Die Verurteilten sollten nicht unnötig leiden, wie dies beim Erhängen der Fall sein konnte. Es gibt Bilder, die die Todeskandidaten angeschnallt auf dem Stuhl sitzend zeigen, doch Snyder ist bis heute die einzige Person, deren Exekution auf einem Foto festgehalten worden ist. Es wird zum berühmtesten Tabloid-Bild seiner Zeit und macht Howard, den Fotografen, über Nacht berühmt. Die *New York Daily News* publiziert das Bild am nächsten Tag auf der ersten Seite. Darüber steht in fetten Buchstaben das Wort »DEAD!«.

Die Aufnahme ist ein Skandal, denn in den USA sind Bilder von Hinrichtungen nicht erlaubt. Fotografen werden nicht als Zeugen der Exekutionen zugelassen. Der Staat New York erwägt darum, strafrechtlich gegen Howard vorzugehen, lässt das Vorhaben aber schnell wieder fallen.

Das Hochsicherheitsgefängnis Sing Sing wurde 1826 erbaut und liegt direkt am Ufer des Hudson im County Westchester. Der Name leitet sich von der in dieser Gegend ursprünglich ansässigen Stammesgruppe der »Sintsink« ab, was in der Sprache der Indigenen »Stein auf Stein« bedeutet. 1887 beschloss ein eigens vom Staat New York eingeführtes Komitee die Abschaffung der bis dahin üblichen Hinrichtungspraxis des Erhängens. Die Idee, ein elektrisches Gerät zu bauen, das die Delinquenten nahezu schmerzfrei zu Tode brachte, war Alfred Porter Southwick, einem Mitglied der Expertengruppe, gekommen, nachdem er von einem Mann gehört hatte, der im betrunkenen Zustand eine Stromleitung berührt hatte und tot umgefallen war. Southwick, Zahnarzt und Ingenieur von Beruf, entschied sich für ein Gerät in Form eines Stuhls. Erste Versuche führte er an streunenden Hunden durch.

Im Herbst 1927 erregt der Prozess gegen Ruth Snyder und Henry Judd Gray die Gemüter der ganzen Nation. Täglich berichten alle großen Zeitungen aus dem Gerichtssaal. Jede Regung der Angeklagten wird von den Medien kommentiert. Insbesondere auf Ruth, »the Marble Woman« (»die Frau aus Marmor«) oder auch »the Bloody Blonde« (»die blutige Blonde«), wie sie in der Presse genannt wird, haben es die Journalisten abgesehen. Gegen Ende des Prozesses haben es die Angeklagten nicht zuletzt durch die reißerische Berichterstattung zu zweifelhafter Berühmtheit gebracht. Der Richter wird mit Briefen, die die Exekution der beiden verlangen, überschwemmt. Einige Amerikaner melden sich und bieten an, die Hinrichtung wenn nötig liebend gern selbst auszuführen. Der Fall scheint in der unbekannten Masse der Menschen, die ihn in den Zeitungen aufmerksam verfolgen, nur das Schlechteste zutage zu bringen.

In diesem aufgehetzten Klima setzt die *New York Daily News* alles daran, ein Bild der Hinrichtung zu bekommen. In der Redaktion redet man sich die Köpfe heiß. Irgendwann kommt man auf die Idee, den in New York völlig unbekannten Fotografen Howard als Berichterstatter einzuschleusen. Howard arbeitet für die *Chicago Tribune*, beide Zeitungen gehören demselben Herausgeber. Howard steht noch am Anfang seiner Karriere und muss nicht lange überredet werden. Der Fotograf ist überpünktlich, so hat er genügend Zeit, sich einen Platz mit freier Sicht auf den elektrischen Stuhl zu suchen. Um den rechten Knöchel hat er eine Miniaturplattenkamera geschnallt. Die Kamera gehört heute zur Sammlung des Smithsonian in Washington D.C. Sie ist für damalige Verhältnisse ungewöhnlich klein. Verdeckt durch das Hosenbein, ist sie durch ein Kabel mit dem Auslöser in der Jacke verbunden. Sie verfügt nur über eine Platte, der Fotograf hat somit nur eine einzige Chance. Als Ruth zum elektrischen Stuhl geführt wird, überkreuzt Howard, wie zuvor in der Redaktion geübt, seine Beine. Das Hosenbein rutscht nach oben, und das darunter versteckte Objektiv der Kamera liegt frei. Mit dem Umlegen des Schalters drückt Howard den Auslöser. Er kann nur hoffen, dass alles wie geplant funktioniert. In der Dunkelkammer zeigt sich: Das Bild ist verwischt, doch gerade durch diese Unschärfe entsteht der Eindruck, als würde der Körper zucken. Die Szene ist bizarr und unheimlich, zeigt sie doch Ruth Snyder im Sekundenbruchteil zwischen Leben und Tod.

Ruth Snyder wird am 27. März 1895 als May Ruth Brown in Manhattan, New York, geboren. Ihre Mutter Josephine Anderson kommt ursprünglich aus Schweden und ihr Vater Harry Sorenson aus Norwegen. Nach seiner Immigration in die USA ändert Sorenson seinen Namen in Brown. Er will einen neuen Anfang in einem neuen Land. Seine Tochter und sein Sohn – Ruths Bruder Andrew kommt 1889 noch in Norwegen zur Welt – sollen keinen Nachteil durch einen fremd klingenden Familiennamen haben. Wie viele Immigranten will sich Harry Brown anpassen, dennoch trauert er seinem alten Leben hinterher. Als er noch in Norwegen lebte, fuhr er zur See. Er liebt das Meer und vermisst die damit verbundene Freiheit. In New York verdient er den Lebensunterhalt als Zimmermann. Wie viele Neuankömmlinge arbeitet er hart und kann die Familie mit dem Verdienst einigermaßen über Wasser halten. Reichtümer, selbst den Aufstieg in die Mittelklasse, kann er damit nicht schaffen. Zu gering ist sein Einkommen. Die Familie lebt genügsam, das meiste Geld wird für Ruths zahlreichen medizinischen Probleme ausgegeben. Das kleine Mädchen kränkelt, leidet an epileptischen Anfällen, hin und wieder fällt sie scheinbar grundlos in Ohnmacht. Ruth muss sich zudem mehreren Operationen unterziehen. Eine Blinddarmoperation verläuft nicht reibungslos. Die nachfolgenden Komplikationen zwingen sie zu mehreren, teils längeren Krankenhausaufenthalten. Das blonde Mädchen mit den strahlend blauen Augen sehnt sich nach ein wenig Luxus in ihrem bescheidenen Leben. Sie liebt es, sich die Auslagen der New Yorker Geschäfte anzusehen. Die sind gefüllt mit für sie unerreichbaren Dingen. Vor Gericht erzählt sie, wie sehr sie sich als kleines Mädchen eine blonde Puppe gewünscht hat. Jeden Tag ging sie an dem Geschäft vorbei, blickte sehnsüchtig in das Schaufenster, drückte sich an der Scheibe die Nase platt. Irgendwann war die Puppe verschwunden, verkauft, und ein anderes Mädchen spielte womöglich mit ihr.

An den Sonn- und Feiertagen besucht Ruth mit ihren Eltern den Gottesdienst, und jeden Abend vor dem Schlafengehen betet sie. Sie wird später sagen, sie habe dies nicht aus Überzeugung getan. Sie habe nie an einen Gott geglaubt, wollte aber dennoch für den Fall der Fälle vorsorgen. Es hätte ja sein können, dass sie sich irrte. Sie geht nicht gern zur Schule. Lesen, Schreiben und Rechnen langweilen sie. Auch hat sie nie besondere berufliche Ambitionen. Alles, was Ruth will, ist heiraten und Kinder bekommen. Sie träumt von einem kleinen Häuschen in der Vorstadt. Von einem Ehemann, der genügend Geld verdient, damit sie zu Hause bei den Kindern bleiben kann. Sie will eine gute Hausfrau und Mutter werden. Sie mag Näh- und Stickarbeiten. Sie liebt es, zu dekorieren. Später vor Gericht werden ihre Bekannten und Freunde bezeugen, dass sie eine gute Köchin war, dass sie das Haus makellos in Ordnung hielt, dass sie umsichtig und gut haushaltete. Sie werden darüber berichten, dass sich ihr Keller jedes Jahr mit Eingemachtem füllte. Ruth war eine liebevolle, eine gute Ehefrau, werden sie sagen.

Mit 13 Jahren, nach Beendigung der Schule, beginnt sie als Nachttelefonistin zu arbeiten. Tagsüber belegt sie Kurse in Stenographie und Buchhaltung. Sie ist ehrgeizig, will Sekretärin werden und so einen geeigneten Ehemann finden. Sie will den Aufstieg in die Mittelklasse schaffen. Sie will ein besseres Leben als ihrer Eltern. Sie will es für sich und ihre zukünftigen Kinder. In ihrer Freizeit verschlingt sie Groschenromane mit kitschigen Liebesgeschichten, in denen das arme Mädchen den gut situierten Traumprinzen findet und für immer glücklich wird.

Durch einen Zufall lernt sie ihren späteren Ehemann kennen. Alles beginnt mit einem falsch durchgestellten Anruf. Albert Snyder ist darüber verärgert. Er beschimpft sie, sagt, sie sei unfähig. Ruth nimmt sich das so zu Herzen, dass sie sich, den Tränen nahe, bei Snyder entschuldigt. Dem wiederum ist die Angelegenheit peinlich. Ihm gefällt die groß gewachsene junge Frau. Sie verabreden sich, gehen ein paarmal gemeinsam aus. Am

23. Juli 1915 heiraten sie. Ruth ist 20, Albert 33. Es sieht aus, als habe sie mit ihm das große Los gezogen. Snyder, der am 11. Oktober 1882 in Kings County, New York, unter dem Namen Albert Schneider geboren wurde, ist Bildredakteur für die Zeitschrift *Motor Boating* und überaus erfolgreich. Mit einem jährlichen Einkommen von 5200 Dollar gehört er zur wohlhabenden Mittelklasse. Ruth ist glücklich, ihr Leben könnte nicht besser sein. Für sie ändert er sogar seinen Familiennamen von Schneider in das amerikanischer klingende Snyder. Drei Jahre später wird ihre Tochter Lorraine geboren. Die kleine Familie zieht in ein großzügiges Haus mit sieben Zimmern in Queens.

Die Ehe verläuft zunächst harmonisch. Mit der Zeit wird jedoch immer sichtbarer, wie verschieden die beiden sind. Albert geht ungern aus. In seiner Freizeit bleibt er zu Hause, arbeitet im Garten oder liest. Wenn er dennoch etwas unternimmt, will er wandern oder Boot fahren. Alles Dinge, bei denen man nicht auf Gesellschaft angewiesen ist. Ruth, die von ihren Freunden Tommy genannt wird, kann weder dem einen noch dem anderen etwas abgewinnen. Ihr ist langweilig, sie sehnt sich nach Unterhaltung. Später wird sie sagen: »Ich weiß nicht, was mich dazu gebracht hat, ihn zu heiraten. Seine Interessen waren nicht meine.«

Nach der Geburt ihrer Tochter Lorraine nehmen die gemeinsamen Unternehmungen noch weiter ab. Albert zieht sich mehr und mehr zurück. Gleichzeitig vergeht kein Tag, an dem er nicht von seiner großen Liebe Jessie Claire Guischard schwärmt. Jessie ist am 21. November 1912 wenige Wochen vor der geplanten Hochzeit an einer Lungenentzündung verstorben. Er hatte die Trauer über den Tod seiner Verlobten noch nicht überwunden, da lernte er Ruth kennen. Für Albert war Jessie die perfekte Frau, und er wird nicht müde, dies Ruth zu sagen. Der Kampf um die Liebe ihres Mannes erscheint angesichts der übermächtigen Toten aussichtslos. Ruth fühlt sich zurückgesetzt, sie ist die zweite Wahl. Albert hängt im Haus Bilder seiner verstorbenen Verlobten auf. Ihre Tagebücher, Briefe und die Fotoalben der gemeinsam unternommenen Reisen werden zu Reliquien. Ohne mit Ruth darüber zu sprechen, beschließt er, das gemeinsame Boot nach der toten Jessie zu benennen. Das ist zu viel für Ruth. Es kommt zum Streit. Albert lenkt ein, und das Boot wird auf den Namen Ruth getauft. Doch Jessie bleibt die unsichtbare Dritte in dieser Ehe. Täglich trägt Albert eine Krawattennadel, auf deren Rückseite er die Initialen *JG* eingravieren ließ. Ruth hat von der Gravur keine Ahnung. Sie versucht sich zu arrangieren. Mittlerweile sind die beiden seit zehn Jahren verheiratet. Schließlich spricht Ruth mit ihrer Mutter Josephine von der Besessenheit ihres Mannes und der unglücklichen Ehe. Diese rät ihr, sich scheiden zu lassen, doch das will Ruth nicht. Um die Lage für ihre Tochter erträglicher zu machen, zieht die mittlerweile verwitwete Josephine ins Haus der Eheleute. Tochter und Schwiegersohn streiten weniger. Für kurze Zeit scheint sich die Situation zu verbessern.

Nach dem Einzug ihrer Mutter nimmt Ruth sich die Freiheit, ihr Leben stärker nach ihren Wünschen und Vorstellungen zu gestalten. Ganz moderne Frau, trägt sie die blonden Haare zu einem Bubikopf geschnitten.

Sie schminkt sich, raucht, und ihre Kleider sind nur knielang. Sie trifft sich mit ihren Freundinnen. Fährt gemeinsam mit ihnen nach Manhattan zum Einkaufen, zum Essen, zu Kino- und Theaterbesuchen. Sie liebt Jazz und trinkt Alkohol. Sie gibt sich unabhängig, hat mehrere außereheliche Affären, Albert lässt sie gewähren. Ob er von den Seitensprüngen seiner Frau weiß, ist unbekannt. Wenn ja, ignoriert er sie, oder sie sind ihm gleichgültig. Die beiden schlafen seit Langem in getrennten Schlafzimmern.

Im Juni 1925 lernt Ruth bei einem von ihren Freundinnen arrangierten Blind Date Henry Judd Gray kennen. Der 33-Jährige ist verheiratet und hat ein Kind. Als Handelsvertreter der Firma Bien Jolie Corset Company ist er viel unterwegs. Er hat zahlreiche Liebschaften. Doch die Beziehung mit Ruth scheint von Anfang an eine andere Dynamik zu haben. Die beiden treffen sich häufig. Am liebsten in Manhattan im Hotel Waldorf-Astoria. Sie steigen dort so oft ab, dass Ruth einen Koffer mit Wäsche und Kosmetika im Hotel deponiert. Hin und wieder nimmt sie ihre Tochter mit. Lorraine bleibt dann artig in der Lobby sitzen, liest ein Buch oder malt, während sich ihre Mutter im Hotelzimmer vergnügt. Ein paarmal begleitet Ruth Judd bei seinen Geschäftsreisen. Sie geben sich dann als Ehepaar aus. Die Affäre zieht sich über 18 Monate hin, und es scheint kein Ende in Sicht.

Judd nennt Ruth »Mommie«, aus diesem Grund glaubt das Gericht später, dass sie der dominantere Part in der Beziehung war. Vor Gericht wird er versuchen, sich als sexuell völlig von ihr abhängig darzustellen. Er sei der Schwächere in der Beziehung gewesen, sie habe ihn zu allem gedrängt. Er sei ihr verfallen gewesen. Ruth, die Femme fatale, in deren Händen Männer wie Wachs schmelzen. Inwieweit dieses Bild den Tatsachen entspricht, wird niemals geklärt. Als Ehefrau und Mutter, die sich auf Affären mit anderen, noch dazu verheirateten Männern einlässt, ist sie für die Gesellschaft von vornherein die Schuldige. Judds zahlreiche Liebschaften werden vor Gericht kaum erwähnt und fallen unter den Tisch. Von seinem Zusammenleben mit Frau und Kind erfährt man wenig. Das Gericht hat sich ganz auf Ruth und ihr Leben konzentriert.

Im Jahr 1926 soll sie sieben Versuche unternommen haben, ihren Mann zu töten. Sie habe ihm Rattengift ins Essen gemischt und Cocktails mit Arsen versehen. Sie habe versucht, ihren Mann zu vergasen und auch zu ertränken, das behauptet zumindest Judd. Seine Angaben werden weder von der Polizei untersucht noch vor Gericht bestätigt. Ob seine Behauptungen der Wahrheit entsprechen, wird nie geklärt. Vor Gericht beschuldigen sich die beiden gegenseitig, jeder versucht, seinen Hals aus der Schlinge zu ziehen.

Wer tatsächlich der Urheber des Plans ist, Albert zu töten und die Lebensversicherung in Höhe von 48000 Dollar einzustreichen, lässt sich im Nachhinein nicht mehr klären. Fakt ist: Ruth hat den Versicherungsagenten um den Finger gewickelt und die Police heimlich und ohne Alberts Wissen so abändern lassen, dass im Falle seines gewaltsamen Todes die doppelte Summe zur Auszahlung käme. Über 90000 Dollar, in etwa anderthalb Millionen nach heutigem Geldwert.

Die Tat selbst findet in den frühen Morgenstunden des 20. März 1927 statt. Gegen acht Uhr klingelt eine völlig verängstigte Lorraine an der Tür des Nachbarhauses in Queens. Die Nachbarn verständigen sofort die Polizei und laufen zum Haus der Snyders. Sie finden Ruth gefesselt und geknebelt auf dem Fußboden vor dem Kinderzimmer. Albert liegt tot im Schlafzimmer. Alles sieht nach einem Kampf aus. Als die Nachbarn Ruth die Fesseln abnehmen wollen, weigert sie sich. Sie will das Eintreffen der Polizei abwarten. Den Beamten erzählt sie, Albert und sie seien gegen halb drei Uhr morgens vom Bridgeabend zurückgekehrt. Ihr Mann sei sofort zu Bett gegangen. Sie selbst habe sich in einen Raum im Erdgeschoss zurückgezogen, in unmittelbarer Nähe des Kinderzimmers, als ein Einbrecher mit einem Schnurrbart im italienischen Stil ihr Zimmer betritt. Der Fremde schlägt ihr auf den Kopf. Erst fünf Stunden später erlangt sie wieder das Bewusstsein. Ruth kriecht geknebelt und gefesselt zum Zimmer ihrer Tochter. Der Einbrecher habe neben Bargeld aus Alberts Portemonnaie auch Juwelen und Schmuck mitgenommen. Den ermittelnden Beamten kommt die Geschichte seltsam vor. Warum hatte Ruth sich geweigert, die Fesseln abzunehmen? Zudem waren die Hand- und Fußgelenke nur locker gebunden. Ruth hätte alles leicht selbst lösen können. Auch lässt sich keine Kopfverletzung feststellen, die eine so lange Bewusstlosigkeit erklären würde. Es finden sich im ganzen Haus keine Spuren eines gewaltsamen Eindringens. Für die Beamten steht fest: Der Einbrecher muss ins Haus gelassen worden sein. Als die Juwelen unter Ruths Matratze gefunden werden, ändert sie die Geschichte. Sie habe den Schmuck gerade noch in letzter Minute verstecken können. Bei der weiteren Durchsuchung des Hauses finden die Beamten ein blutbeflecktes Metallgewicht in einem Werkzeugkasten und einen blutigen Kissenbezug im Wäschekorb. Neben Alberts Bett liegt eine Krawattennadel mit den Initialen *JG* auf dem Boden. Sie durchsuchen Ruths Schreibtisch und finden einen Scheck über 200 Dollar an einen Mann namens H. Judd Gray. In Ruths Adressbuch taucht der Name ein weiteres Mal auf. Schließlich wird auch noch die Lebensversicherungspolice gefunden. Sie liegt in einem Schließfach, das unter dem Namen Ruth Brown angemietet wurde.

Für den Staatsanwalt genügen die Indizien, um die beiden vorläufig wegen des Verdachts des Mordes an Albert Snyder festzunehmen. Sie werden getrennt voneinander verhört. Ruth hält an der Einbruchsgeschichte fest, nur die Erwähnung der Initialen auf der Rückseite der Krawattennadel scheint sie für einen Augenblick aus der Fassung zu bringen. Judd hingegen knickt schnell ein und gesteht das Verbrechen. Er beschuldigt Ruth, die Haupttäterin gewesen zu sein. Sie habe den Plan ausgesonnen und ihn gegen seinen Willen zum Mittäter gemacht. Als Ruth davon hört, bricht für sie eine Welt zusammen. Nun versucht jeder, dem anderen die Schuld zuzuschieben.

Fest steht: In den frühen Morgenstunden des 20. März kommen Albert und Ruth nach einem Bridgeabend mit Bekannten nach Hause. Sie hatten Lorraine mitgenommen, da Ruths Mutter Josephine verreist war. Ruth hatte am Vorabend beim Verlassen des Hauses die Hintertür offen gelassen, so kann Judd während ihrer Abwesenheit ins Haus gelangen und sich dort verstecken. Sogar eine Flasche seines Lieblingswhiskeys steht für ihn bereit.

Ihr Mann Albert trinkt an diesem Abend viel mehr als gewöhnlich. Ruth animiert ihn laut Zeugenaussagen der anderen Gäste immer wieder dazu. Zu Hause angekommen, geht der angetrunkene Albert sofort zu Bett, während Ruth sich um Lorraine kümmert.

Für die nun folgenden Ereignisse gibt es zwei Versionen. Ruth sagt vor Gericht, sie sei in ihrem Zimmer im Erdgeschoss auf den wartenden und mittlerweile ebenfalls stark angetrunkenen Judd gestoßen. Die beiden küssen sich, Ruth schickt ihn fort. Sie bringt ihn noch zur Tür und geht dann ins Badezimmer, um sich bettfertig zu machen. Kurz darauf hört sie Lärm aus dem Schlafzimmer ihres Mannes. Sie läuft sofort nach oben. Dort sitzt Judd rittlings auf dem schreienden Albert, schlägt auf ihn ein. Er versucht ihm die Bettdecke über den Kopf zu ziehen. Ruth will eingreifen. Im Handgemenge wird sie gestoßen. Sie fällt. An mehr kann sie sich nicht mehr erinnern. Sie glaubt, sie muss in Ohnmacht gefallen sein. Als sie wieder zu sich kommt, ist alles vorüber.

In Judds Version gehen sie gemeinsam nach oben ins Schlafzimmer. Dort schlägt Judd auf den schlafenden Albert mit einem Metallgewicht ein. »Ich glaube, ich versetzte ihm einen zweiten Schlag, denn vom ersten hatte er sich im Bett aufgerichtet und zu brüllen angefangen. Ich habe mich auf ihn gesetzt und versucht, die Decke über seinen Mund zu ziehen, um ihn am Schreien zu hindern. Er hat sich wie wild gewehrt. Er bekam mich an meiner Krawatte zu packen, und wir haben miteinander gerungen, wobei ich im Nachteil war, da er mich würgte. Ich habe gebrüllt: ›Mommie, Mommie, um Gottes willen hilf mir!‹ Ich muss das Gewicht fallen gelassen haben, sie hob es auf und schlug damit auf Albert ein. Dann warf sie die Flasche mit Chloroform, das Handtuch, den Draht und alles auf das Kissen.« Irgendwie schaffen es die beiden, Albert zu überwältigen und zu töten.

Der Gerichtsmediziner wird später feststellen, dass der Tod durch Erwürgen eingetreten ist. Danach arrangieren sie den Tatort so, dass alles zu einem Raubüberfall passt. »Ich habe ihr die Füße und die Hände gefesselt. Ich habe ihr gesagt, es können zwei Monate sein oder vielleicht auch ein Jahr, und es könnte auch sein, dass wir uns nie mehr sehen würden, und danach ließ ich sie auf dem Bett ihrer Mutter liegend zurück und bin gegangen.«

Kaum hat er das Haus verlassen, spricht er in unmittelbarer Nachbarschaft zum Tatort zwei Männer auf der Straße an, einer davon ist Polizist. Er fragt, wann der nächste Bus kommt. Mit dem Bus fährt er zum Stadtteil Jamaica, von dort nimmt er sich ein Taxi nach Manhattan. Der Taxifahrer erinnert sich später an einen unhöflichen und derangiert aussehenden Fahrgast. Die Fahrt kostet drei Dollar fünfzig. Der Unbekannte gibt dem Fahrer 5 Cent Trinkgeld. Das bleibt in Erinnerung.

Der Prozess gegen die beiden beginnt am 25. April 1927. Von Anfang an stürzen sich die Zeitungen auf den Fall. Es wird berichtet, welches Kleid Ruth an welchem Verhandlungstag trägt. Über ihren Hut und die schwarze Perlenkette wird genauso viel geschrieben wie über die Verhandlung selbst. Als Ruth ein Detail an ihrem Kleid verändert, steht dies am nächsten Tag in der

Presse. Ruth erhält in dieser Zeit 165 Heiratsanträge. Doch den Richter erreichen genauso viele Schreiben erboster Bürger, die ihre Hinrichtung fordern. Judd zeigt sich als guter Sohn, lässt sich mit seiner Mutter ablichten. Er gibt sich als Opfer. Er sagt, er sei Ruth verfallen gewesen. Sie habe ihn mit ihrer animalischen Anziehungskraft hypnotisiert, ihn betrunken gemacht und mit Sex zum Mord gezwungen. Er war ihr ausgeliefert, habe nicht gewusst, wie er sich gegen sie hätte wehren können. Bei seiner Aussage vor Gericht ist einer der Journalisten überrascht, da die scheinbare Permissivität nicht zu der Person passt, die selbstbewusst im Zeugenstand aussagt. Er wird der Einzige sein, der dies in seinem Artikel erwähnt, alle anderen stehen auf Judds Seite. Mehrmals zeigen sich Brüche in Judds Aussagen. Einige der Zeugen glauben sogar, dass bei dem Beschuldigten eine psychische Störung oder Wahn vorliegen könnte. Da beide Angeklagten gestanden haben, geht es für die Jury nur noch darum, festzustellen, ob die Tat vorsätzlich begangen wurde. Da ändert Ruth erneut ihre Geschichte. Nun sagt sie aus, alles sei der Plan ihres ehemaligen Geliebten gewesen. Sie habe das Zimmer während der Tat nicht einmal betreten und erst davon erfahren, als Judd danach zu ihr sagte: »Ich denke, das war es jetzt.«

Am 9. Mai 1927 spricht die Jury nach nur eineinhalb Stunden Beratung ihr Urteil. Ruth und Judd werden wegen Mordes an Albert Snyder zum Tode verurteilt. Alle Gesuche zur Revision werden abgelehnt, ebenso wie ein Gnadengesuch vor dem Gouverneur. Alfred Emmanuel Smith befürchtet, sich seine erneute Nominierung im nächsten Jahr zu vermasseln.

Am 22. Januar 1928 nimmt Ruth auf dem elektrischen Stuhl Platz. Während sie angeschnallt wird, streift ihr Blick die Reihe der Berichterstatter. Howard wird später behaupten, er sei der Letzte gewesen, dem sie in die Augen geblickt habe, ehe ihr die schwarze Kapuze über den Kopf gezogen wurde. Nach ihren letzten Worten befragt, spricht sie mit zitternder Stimme: »Vater, vergib ihnen, denn sie wissen nicht, was sie tun.« Danach wird der Schalter umgelegt. Ruth stirbt schnell, nur einmal wird der Strom durch ihren Körper gejagt.

Sie findet ihre letzte Ruhestätte im Kreis ihrer Familie auf dem Woodlawn Cemetery in der Bronx. Lorraine bleibt bei ihrer Großmutter Josephine. Während Ruth auf ihre Hinrichtung wartete, schrieb sie ihr Leben in Briefen an ihre Tochter nieder. Sie verfügte, dass Lorraine sie eines Tages, wenn sie alt genug ist, bekommt.

Carl Panzram – Mann ohne Reue

In meinem Leben habe ich 21 Menschen ermordet, ich habe Tausende von Einbrüchen, Raubüberfällen, Diebstählen, Brandstiftungen verübt, und nicht zuletzt habe ich an mehr als 1000 Männern Sodomie begangen. All diese Dinge bedauere ich nicht im Geringsten. Ich habe kein Gewissen, also beunruhigt mich das nicht. Ich glaube nicht an Menschen, weder an Gott noch an den Teufel. Ich hasse die ganze verdammte Menschheit, mich eingeschlossen.

Wenn Sie oder jemand anderes sich die Mühe machen und die Intelligenz oder Geduld haben, jedes meiner Verbrechen zu verfolgen und zu untersuchen, werden Sie feststellen, dass ich mein ganzes Leben lang konsequent einer Idee gefolgt bin. Ich suchte nach den Schwachen, den Harmlosen und den Ahnungslosen.

Diese Lektion wurde mir von anderen beigebracht: Macht schafft Recht.

Das Zitat stammt, wie alle anderen dieses Texts, aus den Aufzeichnungen, die Carl Panzram im Gefängnis von Leavenworth, Kansas, kurz vor seinem Tod verfasst hat. Panzram ist 38 Jahre alt, als er sie niederschreibt. Er wartet, nachdem er einen Vorarbeiter in der Wäscherei getötet hat, auf seine Exekution. Panzram sieht, anders als andere zum Tode Verurteilte, seiner Hinrichtung mit Freude entgegen:

Ich glaube nicht, dass es eine barbarische oder unmenschliche Strafe ist, am Hals gehängt zu werden. Ich habe keine Lust, mich zu bessern. Mein einziger Wunsch ist es, Menschen zu bessern, die versuchen, mich zu bessern, und ich glaube, dass der einzige Weg, Menschen zu bessern, darin besteht, sie zu töten.

Der Psychiater Dr. Karl Menninger schreibt, Panzram sei nicht nur begierig gewesen, hingerichtet zu werden, diese Hinrichtung sei »im Wesentlichen ein Selbstmord, eine direkte Erfüllung dessen, was er indirekt all seine achtunddreißig Jahre lang angestrebt hatte«. Ein Satz, der nachdenklich macht. Was machte Panzram zu dem Menschen, der er war? Was musste in seinem Leben geschehen sein? Was haben wir als Gesellschaft, und damit meine ich jeden Einzelnen von uns, getan und tun es immer noch, um einen solchen Menschen zu kreieren?

Es ist meine feste Überzeugung, dass kein Mensch böse oder schlecht zur Welt kommt. Wir, die Gesellschaft, machen ihn erst dazu. Mir ist klar, dass nicht jeder, der wie Panzram in schwierige Familienverhältnisse hineingeboren wird, in seinem späteren Leben zum Mörder wird. Ich denke dabei auch an meinen eigenen Vater, der in seiner Kindheit unter meinem sadistischen Großvater zu leiden hatte. Dieser genoss es, seine Kinder zu züchtigen, wann immer es ihm möglich war. Dabei spielte es keine Rolle, ob sie etwas angestellt hatten oder nicht. Die Lehre, die mein Vater daraus zog, war nicht, selbst zu schlagen. Er hatte sich bereits als kleiner Junge unter Tränen geschworen, sollte er jemals eine Familie haben, niemals seine Hand gegen diese zu erheben. Mein Vater hat sich sein ganzes Leben daran gehalten.

Aber was bringt einen Menschen dazu, den einen oder den anderen Weg einzuschlagen? Hätte Panzram sich wie mein Vater für den anderen Weg entscheiden können?

Carl Panzram hatte das Monstrum, das in ihm schlief, aus eigener freier Entscheidung oder auf Druck von außen losgelassen, und ich möchte Ihnen erzählen, wie ich zu der Geschichte dieses Serienmörders gekommen bin. Unsere Wege kreuzen sich in Larchmont, einer kleinen Vorstadt wenige Kilometer außerhalb von New York City im County Westchester. In dem Ort lebe ich während des Semesters und fahre von dort in die Stadt an die City University New York, an der ich studiere. Meine Wohnung ist keine zwanzig Minuten zu Fuß vom Long Island Sound entfernt, einem gezeitengeprägten Meeresarm, der zwischen dem Festland und der vorgelagerten Insel Long Island liegt.

Mitten im Sound, vom Larchmont Beach aus sichtbar, gibt es eine kleine Insel mit einem verlassenen Leuchtturm, den Execution Rock. Bis 1979 wohnte und arbeitete auf dem Felsen, umgeben von den Wellen, ein Leuchtturmwärter. Neben ihm verrichtete, je nach Bedarf, auch noch ein Lotse seinen Dienst auf der Insel. Letzterer ging von hier aus an Bord, um eine sichere Durchfahrt der Schiffe im Sound und zur Einfahrt in den East River zu gewährleisten. Mit der Automatisierung des Leuchtturms verließ der letzte Wärter den Felsen. Das Betreten ist Privatpersonen verboten, nur hin und wieder legt das Boot des Wartungspersonals an, oder einem Vogelkundler wird der Zugang über eine spezielle Vollmacht genehmigt.

Um den Execution Rock und die Herkunft seines Namens ranken sich die phantastischsten Geschichten. Mal diente der Felsen als Hinrichtungsstelle für »straffällig« gewordene Sklaven, dann wieder als Ort, an dem die Engländer Rebellen im Amerikanischen Unabhängigkeitskrieg exekutierten. Egal ob Sklaven oder Rebellen, in jeder dieser Geschichten wurden die Delinquenten an den Felsen gekettet und ertranken dann bei steigender Flut. Bei genauerer Recherche entpuppen sich alle Erzählungen als Schauermärchen. Der immer wieder zitierte Metallring, der die Hinrichtungen beweisen soll, stellt sich als Bootsanlegestelle heraus. Wer hier arbeitete, machte sein Boot daran fest, um nach getaner Arbeit wieder an Land zu kommen.

Eine Geschichte, die sich tatsächlich zugetragen hat, wird jedoch kaum erwähnt. Ab 1920 hielt sich in den Gewässern um den Felsen Carl Panzram auf. Er versenkte mindestens drei seiner Opfer nahe der Insel im Sound. Er selbst wird später behaupten, es wären zehn Menschen gewesen. Diese bedauernswerten Opfer wurden nie gefunden, es wurde auch nie nach ihnen gesucht. Panzram hatte sich ganz bewusst Schwache und Außenseiter gesucht, sie betrunken gemacht, vergewaltigt, ermordet und im Meer versenkt. Jahre später wurde er in Larchmont bei einem Einbruch ins Eisenbahndepot festgenommen. Es sollte die letzte Festnahme werden, die glimpflich für ihn ausging.

Panzram kam als Kind deutscher Einwanderer am 28. Juni 1891 in East Grand Forks, Minnesota, zur Welt. Sein Vater hatte als Soldat am Deutsch-Französischen Krieg von 1870/71 teilgenommen und war danach in der Hoffnung auf ein besseres Leben in die USA ausgewandert. Im Laufe des 19. Jahrhunderts zog es um die fünf Millionen Deutsche in die neue Welt, davon allein 1,4 Millionen zwischen 1880 und 1890. Johann Gottlieb, oder John Panzram, wie er sich in Amerika nannte, war einer von ihnen. Nach seiner Ankunft musste er feststellen, dass er zum großen Heer der Zuspätkommenden zählte und ein Neuanfang im Land der unbegrenzten Möglichkeiten weitaus schwieriger war, als er angenommen hatte. Für Leute wie ihn gab es nur noch die Wahl zwischen der schlecht bezahlten Arbeit in einer Fabrik, der Plackerei in einer Miene unter Tage oder dem Knochenjob beim Eisenbahnbau. Enttäuscht machte er sich auf den Weg in den Westen. Dort fand er in dem damals überwiegend von deutschen Einwanderern bewohnten Sauk Centre, Minnesota, Arbeit in der Landwirtschaft. Er lernte ein Mädchen kennen, das ebenfalls aus Deutschland stammte, und heiratete.

Carl Panzrams Mutter Mathilda Elisabeth Boldwon, genannt Lizzie, war als Dreizehnjährige aus Berlin in die USA ausgewandert. Ihre Eltern erzogen sie streng protestantisch, und Lizzie blieb zeit ihres Lebens den puritanischen Prinzipien ihres Elternhauses treu. Gemeinsam mit ihrem Mann bekam sie fünf Kinder, vier Söhne und eine Tochter. Als Carl, der Jüngste, geboren wurde, war die Ehe längst zerrüttet. Der vormals stattlich aussehende, groß gewachsene, schnauzbärtige Johann hatte sich in einen vom Leben enttäuschten cholerischen Säufer verwandelt, und seine Frau Lizzie rackerte sich auf der kleinen Farm der Familie in East Grand Forks an der Grenze zu North Dakota ab. Panzrams Kindheit war geprägt von einem tyrannischen, meist betrunkenen Vater und einer völlig überforderten Mutter, die neben der Arbeit und ihrem Glauben wenig Raum für Liebe und Zuneigung hatte.

Carl war ein rebellisches Kind. Prügel, sowohl von den Eltern als auch von den größeren Brüdern, waren an der Tagesordnung. Irgendwann im Jahr 1898 verschwand der Vater aus dem Leben seiner Familie. Zurück blieb eine verhärmte und bigotte Lizzie mit ihren fünf Kindern auf einer Farm, die kaum genügend zum Überleben abwarf.

Ein Jahr später wurde Carl zum ersten Mal auffällig. Er wurde im zarten Alter von acht Jahren angetrunken aufgegriffen. Drei Jahre danach, mit elf, stahl er ein paar Äpfel, einen Kuchen und eine Handfeuerwaffe. Er hatte den abenteuerlichen Plan, seiner trostlosen Kindheit mit dem nächsten Zug Richtung Westen zu entfliehen, um dort als Cowboy anzuheuern. Er trödelte, verpasste den Zug, wurde erwischt und verprügelt. Wegen des Diebstahls kam es zu einer Verhandlung. Hier kam auch die Trunkenheit erneut zur Sprache, und der Richter entschied sich für eine Unterbringung in einer Anstalt für straffällig gewordene Jugendliche in Red Wing, Minnesota. In der Minnesota State Training School sollten Minderjährige durch eine strenge Erziehung wieder auf den richtigen Pfad zurückgebracht werden. Zwei Jahre sollte Panzram in der Anstalt bleiben. Zwei Jahre, in denen er 27 Einträge wegen ungebührlichen Verhaltens erhielt. Den letzten davon am 2. Oktober 1905 wegen Flüsterns während des Unterrichts. Panzram behauptete später in seinen Aufzeichnungen, dass er bereits am Tag seiner Ankunft, dem 11. Oktober 1903, durch den damaligen Direktor der Schule sexuell missbraucht worden sei.

Als ich dort rauskam, wusste ich alles über Jesus und die Bibel – so viel, dass ich wusste, dass das alles nur heiße Luft war. Aber das war nicht alles, was ich wusste. Mir war von Christen beigebracht worden, wie man ein Heuchler ist, und ich hatte mehr über Stehlen, Lügen, Hassen, Brennen und Töten gelernt. Ich hatte gelernt, dass der Penis eines Jungen für etwas anderes als zum Urinieren benutzt werden kann und dass ein Rektum für andere Zwecke gebraucht werden kann ...

Im Januar 1906 war er wieder in der Obhut seiner Mutter. Diese hatte die Farm in der Zwischenzeit verkaufen müssen und lebte nun mit einem ihrer Söhne, der als Polizist arbeitete, zur Miete in einem kleinen Haus mit Garten. Das Haus lag auf der anderen Seites des Flusses in North Dakota, nur einen Steinwurf von der Immanuel Lutheran Church entfernt. Dort wurde ihr Sohn Carl nach seiner Rückkehr aus Red Wing in die German Lutheran School aufgenommen. Irgendwann fingen seine Mitschüler an, mit den Fingern auf ihn zu zeigen und ihn wegen seiner Vergangenheit in der Besserungsanstalt zu hänseln. Panzram wollte sich Respekt verschaffen, indem er sich mit den Gleichaltrigen prügelte, diese ließen es nicht auf sich sitzen und erzählten es ihren Eltern, die sich bei Panzrams Mutter und der Schule beschwerten. Panzram wurde daraufhin vom Lehrer gezüchtigt. Ein Kreislauf aus Prügeleien, Beschwerden der Eltern und körperlicher Züchtigung durch den Lehrer begann, bis in Carl der Gedanke erwuchs, sich an seinen Lehrern zu rächen. Wieder besorgte er sich eine Pistole und nahm sie mit in die Schule. Kurz nach Unterrichtsbeginn kam es zu einer Auseinandersetzung. Panzram warnte seinen Lehrer, er würde es sich nicht mehr gefallen lassen, geschlagen zu werden.

Ich nehme an, er hielt es für selbstverständlich, dass ich bluffte oder unfähig war, meine Drohungen wahr zu machen, und anstatt mich in Ruhe zu lassen, holte er sofort seine Gerte und befahl mir, nach vorne zu kommen, um mir meine Bestrafung abzuholen. Ich weigerte mich, meinen Platz zu verlassen. Er kam vom Pult herunter und versuchte, mich aus der Bank herauszuziehen, aber ich hielt mich mit Händen und Füßen fest. Dann fing er an, mich mit der Gerte auf Kopf und Schultern zu schlagen und gleichzeitig an meinem Mantel- und Westenkragen zu reißen, um mich herauszuziehen. Die Knöpfe an der Weste gaben vor mir nach. Der Prediger zog. Die Knöpfe rissen los, und die Pistole fiel auf den Boden und der Prediger mit ihr. Er fiel mit offenem Mund und Augen wie Untertassen auf sein großes, fettes Hinterteil. Er war gelähmt vor Überraschung und Angst. Alles, was er sa-

gen konnte, war: »Mein Gott, mein Gott, eine Waffe, eine Waffe.« Ich war weder überrascht noch hatte ich Angst. Ich war wahnsinnig sauer. Ich sprang von meinem Platz auf, griff nach der Waffe und richtete sie direkt zwischen seine Hörner auf ihn und drückte zwei- oder dreimal ab, aber sie ging nicht los.

Noch in derselben Nacht beschloss der 14-Jährige, dass es nun endgültig genug sei. Er wollte fort. Carl nahm seinen Plan von vor zwei Jahren wieder auf und machte sich auf den Weg Richtung Westen.

Ich wollte ein Cowboy werden und ein paar wilde Indianer schießen und Priester zähmen. Das ist mehr als zwanzig Jahre her, aber seitdem bin ich ein Cowboy. Ich habe nie wilde Indianer erschossen, aber ich habe einmal auf einen zahmen Prediger geschossen. Ich habe ihn direkt unter seinen Hemdschoß geschossen.

Er verließ das Haus seiner Mutter. Anders als bei seinem letzten Versuch trödelte er dieses Mal nicht. Er sprang auf einen Zug nach Montana, um sich dort seinen Traum vom freien und ungezwungenen Leben als Cowboy zu erfüllen. Ganz so, wie man es in Groschenheften lesen konnte. Es war der Beginn einer Reise in den Abgrund.

Glaubt man seinen Aufzeichnungen, so wurde Panzram auf dieser Fahrt von einer Gruppe Wanderarbeiter vergewaltigt, die wie er als blinde Passagiere reisten. Der Teenager schwor sich, dass er von nun an derjenige sein würde, der anderen Leid zufügte, und nicht umgekehrt. Als er fünfzehn Jahre später am Long Island Sound auftauchte, hatte er nicht nur fast das halbe Land bereist, er war unehrenhaft aus der Armee entlassen worden und hatte in vierzehn verschiedenen Gefängnissen eingesessen. Aus einigen war er nach ein paar Tagen oder Wochen entlassen worden, aus anderen hatte er sich selbst befreit, indem er die erste sich ihm bietende Gelegenheit zum Ausbruch nutzte. Nichts und niemand konnte ihn festhalten. Er benutzte unterschiedliche Namen und Identitäten. Er hatte von Diebstählen, Betrügereien und Einbrüchen gelebt. Er hatte als Streikbrecher angeheuert und als Seemann. Unter dem Namen Captain John O'Leary war er nach Südamerika, Europa und Afrika gereist.

Im Sommer 1920 war er wieder in den USA gelandet. Aus dem traurigen und misshandelten Kind war ein mitleidloser Täter geworden. Er hatte jede Hemmung, einem anderen das Leben zu nehmen, längst verloren. Zwischen 1920 und 1928 sollte er in immer schnellerer Abfolge töten. Er war immer auf der Suche nach Opfern, die entweder schwächer waren als er oder mit einem Angriff nicht rechneten und sich somit nicht zur Wehr setzten.

Im August desselben Jahres brach er in das Haus des ehemaligen Präsidenten William H. Taft in Connecticut ein. Taft lehrte als Professor an der Yale University in New Haven. Er war zum Zeitpunkt des Einbruchs auf einer Vortragsreise in Kanada, und auch sonst nutzte er das Anwesen eher selten. Panzram sollen bei dem Einbruch Bargeld, Schmuck und Wertpapiere in der Höhe von 40 000 Dollar in die Hände gefallen sein. Inflationsbereinigt entspricht das einer heutigen Kaufkraft von ungefähr 600 000 Dollar. Dazu noch eine Taschenuhr, die Taft während seiner Zeit als Generalgouverneur der Philippinnen als Geschenk überreicht worden war, sowie ein Colt Kaliber 45 Automatik.

Mit der Beute kaufte Panzram sich eine Jacht, die Akista. In den nun folgenden Wochen fuhr er an der Küste des Long Island Sound entlang, raubte andere vor Anker liegende Jachten aus oder ging an Land, um dort in die Sommerresidenzen reicher New Yorker einzubrechen. Nach eigenen Angaben war er zu dieser Zeit meist betrunken. Jeden zweiten Tag fuhr er hinunter nach Manhattan und hielt Ausschau nach Matrosen. Diese heuerte er dann unter dem Versprechen eines großzügigen Lohns und leichter Arbeit auf seinem Boot an.

Was sie bekamen, war etwas anderes. Ich würde sie mit all ihrer Kleidung und Ausrüstung zu meiner Jacht auf City Island bringen. Dort würden wir essen und trinken, und wenn sie genug getrunken hätten, gingen sie ins Bett. Wenn sie schliefen, holte ich meinen 45er Colt Army Automatic, den ich aus Mr. Tafts Haus gestohlen hatte, und blies ihnen das Gehirn weg. Dann würde ich ein Seil nehmen und sie festbinden und sie in mein Ruderboot legen, ungefähr eine Meile in den Hauptkanal hinausrudern und sie über Bord werfen.

Nach eigenen Angaben sollen ihm so zehn Matrosen zum Opfer gefallen sein. Die meisten vergewaltigte er, ehe er sie tötete und um den Execution Rock herum im Wasser versenkte. Wenige Wochen später lief die Akista bei einem Segeltörn vor Atlantik City auf Grund. Panzram und die beiden Matrosen, die sich mit ihm an Bord befanden, konnten sich in Sicherheit bringen.

Sein Weg führte ihn zunächst nach Connecticut zurück. Hier wiederholte sich das alte Muster: Er kam mit dem Gesetz in Konflikt, wurde angeklagt, und während er gegen Kaution bis zur Verhandlung auf freiem Fuß war, heuerte er auf einem Schiff nach Europa an. Von dort ging es nach Afrika und später wieder zurück in die USA.

Mindestens sieben weitere Menschen fielen ihm in dieser Zeit zum Opfer. Jungen nicht älter als elf genauso wie erwachsene Männer. Er raubte, vergewaltigte und mordete, das Ungeheuer in ihm war nicht mehr zu kontrollieren. 1928 wurde er ein letztes Mal, eher durch Zufall, in Washington D. C. verhaftet. Er hatte wieder einen Einbruch begangen und wurde dabei festgenommen. Während einer der Vernehmungen gab er zu, mehrere Menschen ermordet zu haben. Panzram war an einem Punkt angekommen, an dem er weder weiter wollte noch konnte. Er wusste, einer wie er hatte im Gefängnis wenig zu erwarten, weder von den Mitgefangenen noch von den Wärtern. Doch es war ihm gleichgültig. Noch während er auf seinen Prozess wartete, wurde Panzram mehrmals von den Wachen brutal zusammenschlagen. Eines seiner Beine war gebrochen, und er wird es für den Rest seines Lebens nach ziehen.

Henry Lesser, ein junger Wachmann, hatte Mitleid mit ihm. Später würde er sich daran erinnern, dass, als er Panzram zum ersten Mal sah, »eine Art von Stille um ihn herum war«. Lesser ließ dem gequälten Gefangenen einen Dollar zukommen, damit sich dieser ein paar Zigaretten kaufen konnte. Es war der Beginn einer seltsamen Freundschaft.

Ähnlich wie Panzram stammte auch Lesser aus einer Einwandererfamilie. Als Kind jüdisch-orthodoxer Einwanderer aus Russland wuchs er in bitterer Armut auf. Wie Panzram hatte er als Jüngster von vier Geschwistern unter den Hänseleien seiner größeren Brüder zu leiden. Anders als Panzram hatte er Eltern, die ihren Kindern ihre Zuneigung und Liebe zeigten. Zum ersten Mal in seinem Leben begegnete Panzram einem Menschen, der versuchte, ihn zu verstehen, und der ihm in vorbehaltloser Freundschaft zugeneigt war.

Lesser überredete Panzram, sein Leben niederzuschreiben, und es entstand ein Briefwechsel, in dem man noch immer den Respekt und die Zuneigung dieser so unterschiedlichen Männer erkennen kann.

Panzrams einundzwanzigstes und letztes Opfer war der Vorarbeiter der Wäscherei im Gefängnis von Leavenworth. Am frühen Morgen des 20. Juni 1929, kurz nach Dienstantritt, wurde Robert G. Warnke von Carl Panzram angegriffen. Panzram schlug mit einem schweren Eisen auf Warnke ein. Er wurde von den herbeigerufenen Wärtern überwältigt und in die Isolierstation verbracht. Dort verweigerte er jede Aussage zu seiner Tat. Zeugen sagten später aus, dass Panzram sich von Warnke ungerecht behandelt fühlte und mehrfach angekündigt hatte, ihn zu töten. Es war das einzige Tötungsdelikt, für das Panzram zur Verantwortung gezogen wurde. Am 5. September 1930 wurde er im Alter von 38 Jahren hingerichtet.

1935, fünf Jahre nach der Hinrichtung Carl Panzrams, schied Lesser aus dem Dienst aus. Er hatte sich bis in die Position eines Bewährungshelfers hochgearbeitet und gab schließlich aus Frustration über die Schwerfälligkeit des Strafvollzugs und dessen Unfähigkeit, sich zu reformieren, auf. Zeit seines Lebens fühlte er sich jedoch dem Freund verpflichtet, der unter einer dünnen Grasnarbe im Gefängnisfriedhof von Leavenworth, Kansas, begraben liegt. Er wollte der Welt zeigen, dass Menschen wie Carl Panzram nicht als Ungeheuer geboren werden, sondern erst durch die Welt um sie herum dazu gemacht werden. Das Kind Carl hatte niemals eine Chance, und der erwachsene Carl wollte sie nicht mehr.

Der ungeklärte Tod
der Starr Faithfull

Auf einer Landkarte betrachtet, erinnert Long Island an einen riesigen toten Fisch, der vor New York im Meer dümpelt. Der Kopf stößt dabei fast an Manhattan, während sich der Rumpf nahezu parallel zur Küste nach Nordosten zieht. Der Rücken des Fischs ist dem Festland zugewandt und die Bauchseite schutzlos den Gezeiten des Atlantiks ausgeliefert. Einzig eine Reihe vorgelagerter Inseln stellt sich den Wellen entgegen. Diese ziehen sich von Rockaway Beach in Queens bis hinauf zu den West Hamptons.

Während der Weltwirtschaftskrise, die auf den Zusammenbruch der New Yorker Börse 1929 folgte, werden die Strände New Yorks tagtäglich von Strandgutsammlern abgesucht. Die Amerikaner nennen sie »Beachcomber«, und übersetzt wäre Strandguträuber richtiger, aber irgendwie weckt das Wort falsche Assoziationen, schließlich versuchen diese Menschen nur, angesichts einer untergehenden Wirtschaft den Kopf über Wasser zu halten. Jeden Morgen suchen sie die Strände nach Gegenständen ab, die entweder von den Strandbesuchern am Vortag zurückgelassen, verloren oder vergessen oder an Land gespült wurden. Gefragt ist alles, was irgendwie zu Geld gemacht werden kann.

Daniel Moriarty ist einer von ihnen. Er arbeitet bei der örtlichen Mülldeponie, nutzt jedoch die Zeit vor Dienstantritt, um sich den einen oder anderen Cent dazuzuverdienen. Am Montag, den 8. Juni 1931, ist er wie immer schon früh unterwegs. In der Nacht hat es gestürmt, doch Moriartys Ausbeute ist enttäuschend. Er beschließt, nur noch eine Viertelstunde weiterzusuchen und sich dann gegen halb sieben auf den Rückweg zu machen. Er muss um acht Uhr an seinem Arbeitsplatz sein. Zuspätkommen ist keine Option, zu viele sind ohne Job und könnten ihn jederzeit ersetzen.

In einiger Entfernung liegt etwas. Ein nasses Badetuch oder eine Decke? Vielleicht ist seine Suche doch nicht erfolglos. Moriartys Erwartungen sind gering, dennoch geht er darauf zu. Als er näher kommt, sieht er, dass etwas in den nassen Stoff eingehüllt ist. Dass es eine Frau ist, erkennt er erst, als er unmittelbar vor ihr steht. Sie liegt auf dem Rücken und sieht aus, als würde sie schlafen. Die Wellen und Gezeiten des Atlantiks haben sie in den Sand einsinken lassen wie in ein Federbett. Moriarty weiß sofort, dass sie tot ist. Dennoch kniet er sich neben sie. Die Frau ist jung, hübsch, hat kastanienbraune, zu einem Bob geschnittene Haare. Sie trägt ein teuer aussehendes gemustertes Seidenkleid. Hochgeschlossen, mit rundem Ausschnitt und Rüschen an den Ärmeln. Ihre Hände sind schmal und weiß mit kurzen, rot lackierten Fingernägeln. Nicht ein einziger Nagel ist abgesplittert, es sieht aus, als wäre sie eben erst manikürt worden. Die Tote hat teure Seidenstrümpfe, aber keine

Schuhe an. Das kommt Moriarty seltsam vor. Auch trägt sie, soweit er sehen kann, weder eine Uhr noch irgendwelchen Schmuck. Nichts deutet auf eine Verletzung hin, abgesehen von ein paar kleinen bläulichen Flecken im Gesicht und am Hals. Ihr Kleid ist über dem linken Knie ein wenig hochgerutscht, sodass er das Ende des Strumpfes sehen kann. Aus einem Reflex heraus zieht Moriarty, ohne zu überlegen, den Saum des Kleides vorsichtig runter. Er kann nicht sagen, warum er das tut, er hat nur das Gefühl, sie vor neugierigen Blicken schützen zu müssen.

Dann steht er auf und läuft zu den anderen Strandgutgängern. Wenig später stehen sie bereits zu dritt um die Tote herum. Die Männer sind unschlüssig, wissen nicht, was sie tun sollen. Immer mehr Menschen werden auf den Fund aufmerksam. Einer ruft schließlich den Straßenpolizisten hinzu, der gerade seine Runde dreht. Der Polizist ist es auch, der die zuständige Polizeidirektion von einem Telefon in der Nachbarschaft aus verständigen lässt. Moriarty ist da bereits bei der Arbeit.

Die eintreffenden Beamten nehmen die Untersuchung auf. Sie sehen sich die unbekannte Tote an, machen Notizen und fotografieren. Innerhalb kürzester Zeit haben sich auch die ersten Reporter am Strand eingefunden. Schließlich wird die junge Frau abtransportiert und in die Leichenhalle des Nassau County gebracht. Alles deutet auf einen Unfall oder Selbstmord hin. Ein Routinefall, nichts Spektakuläres.

Der Arzt, der die Leiche als Erster in Augenschein nimmt, geht von einem Tod durch Ertrinken aus. Seiner Meinung nach muss dies irgendwann zwischen dem 5. und dem 6. Juni geschehen sein.

Ertrinken ist in Long Beach keine Seltenheit. Jedes Jahr kommen Menschen bei Badeunfällen oder durch Suizid ums Leben. Inspector Harold King, der die Ermittlungen leitet und der Autopsie beiwohnt, hat schon unzählige solcher Fälle erlebt. Er hofft, die Leichenschau würde sich nicht zu lange hinziehen. Wenn sie hier fertig sind, will er Mittag essen, und danach ist immer noch Zeit, mit der Identifizierung der Toten zu beginnen. Er ist sicher, den Fall bald aufzuklären.

Als King in sein Büro kommt, wartet dort bereits ein kleiner Mann mit Halbglatze und Brille. Dieser stellt sich als Stanley E. Faithfull aus 12 St. Lukes Place, Manhattan, vor. Er hat im Radio vom Fund einer unbekannten Toten in Long Beach gehört. Seine Stieftochter, Marian Starr Faithfull, von der Familie Bamby genannt, ist seit Freitag verschwunden. Faithfull beschreibt Starr als eine zuverlässige und verantwortungsvolle junge Frau, die noch nie über Nacht von zu Hause ferngeblieben ist. Am Freitag hatte die 25-Jährige die Wohnung am Vormittag verlassen. Sie wollte zum Friseur gehen und sich danach noch mit Bekannten treffen. Seine Frau Helen, Starrs Schwester Tucker und er sind in großer Sorge. King schickt Faithfull nach Nassau County. Wenige Stunden später ist klar, dass es sich bei der Toten tatsächlich um seine Stieftochter handelt.

Die ersten eilig geschriebenen und in den Abendausgaben gedruckten Artikel beschreiben Starr als belesene und introvertierte Tochter einer wohlhabenden, ursprünglich aus Boston stammenden Familie. Erzogen und ausgebildet an den besten Schulen des Landes, hat sie sich besonders zu »Philosophie und den damit verwandten Themen« hingezogen gefühlt. Da Starr eine hervorragende Schwimmerin war und in der Highschool erfolgreich an Schwimmwettbewerben teilgenommen hatte, wird ein Unfall von Vornherein ausgeschlossen. Als Todesursache kommt somit nur Selbstmord in Betracht.

In den nächsten Tagen kommen Inspector King und dem zuständigen Staatsanwalt Elvin Edwards jedoch zunehmend Zweifel an ihrer Einschätzung. Starr ist ohne Mantel, ohne Tasche und ohne Schuhe gefunden worden. Sie haben den gesamten Strand mehrfach absuchen lassen, keiner der persönlichen Gegenstände der Toten ist angespült worden.

Starr trug außer einem Strumpfhalter keinerlei Unterwäsche. Keinen BH, kein Korsett. Wenn die erste Einschätzung des Arztes stimmt, ist der Körper mehrere Tage im Meer getrieben. In der Nacht von Sonntag auf Montag hat es gestürmt, Starrs Seidenkleid von Lord & Taylor ist aber nicht im Mindesten beschädigt. Ihre Seidenstrümpfe sind, von einer kleinen, kaum sichtbaren Laufmasche abgesehen, ohne Risse oder Löcher. Doch der Körper der Toten ist übersät von blauen Flecken, Einblutungen und Abschürfungen. Die zuständige Staatsanwaltschaft ordnet daher eine erneute Obduktion an.

Starrs Körper ist jedoch bereits an das Beerdigungsinstitut übergeben worden. Ihre Familie hat sich dort eingefunden, um Abschied zu nehmen. Selbst ihr leiblicher Vater Frank Wyman II. ist aus der Umgebung von Boston angereist. Alle stehen sie trauernd um den Sarg herum, als Inspector King mit seinen Männern auftaucht, um Starrs Leiche zu beschlagnahmen und zurück in die Gerichtsmedizin zu transportieren.

Die erneute Obduktion wird von Dr. Otto Schultze durchgeführt, einem anerkannten Experten und Rechtsmediziner. Doch seine Ergebnisse bringen mehr Fragen als Antworten. Dr. Schultze stellt fest, dass die blauen Flecken, Einblutungen und Abschürfungen nur durch die Einwirkung stumpfer Gewalt vor dem Tod entstanden sein können. Zudem hatte Starr kurz vor ihrem Tod Geschlechtsverkehr. Ob sie vergewaltigt wurde oder der Beischlaf einvernehmlich war, bleibt unklar. Drei bis vier Stunden vor ihrem Tod hat Starr eine üppige Mahlzeit, bestehend aus Fleisch, Kartoffeln, Pilzen und Obst, zu sich genommen. In den letzten 36 Stunden ihres Lebens hat sie keinen Alkohol getrunken, dafür finden sich in ihrer Leber große Mengen an Beruhigungsmitteln. Laut Dr. Schultze ist die Dosis ausreichend, um eine Bewegungsunfähigkeit oder Bewusstlosigkeit herbeizuführen. Sie ist aber zu gering, um Starr zu töten.

Auch Dr. Schultze geht von einem Tod durch Ertrinken aus. Die große Menge Sand in ihren Atemwegen legt seiner Meinung nach die Vermutung nahe, dass Starr im flachen Wasser ertrunken sein muss. Dr. Schultze vermutet aufgrund der blauen Flecken, dass ihr Gesicht mit Gewalt nach unten gedrückt wurde. Ob sie bei Bewusstsein gewesen war, bezweifelt er angesichts der hohen Menge an Barbituraten in ihrem Körper.

In den folgenden Wochen sind die Zeitungen voll mit Spekulationen über Starrs Tod. Fast täglich kommen neue Einzelheiten ans Licht. Wie immer in solchen Fällen gibt es genug Freunde und Bekannte, die nur zu begierig darauf sind, ihre Geschichten zu erzählen. Es entsteht das Bild einer kaum fassbaren und schwierigen jungen Frau. Einer zerrissenen Persönlichkeit, die sich nach nichts mehr sehnte, als geliebt zu werden. Die sich von einer Eskapade in die nächste stürzte. Immer auf der Flucht vor dem Leben, in das sie hineingeboren wurde, und vor sich selbst. Nichts, absolut gar nichts war so, wie es von ihrem Stiefvater geschildert worden war. Ihre jüngere Schwester Tucker, die sich Sylvia nennen lässt, sagt in einem ihrer unzähligen Interviews, die sie in den nächsten Monaten fast täglich gibt: »Ich bedauere nicht, dass Starr tot ist. Sie ist jetzt glücklicher. Wir alle sind glücklicher.«

Marian Starr Faithfull war am 27. Januar 1906 als Marian Starr Wyman in Illinois geboren worden. Ihre Mutter Helen stammte aus New England. Helens Vater war ein lausiger Geschäftsmann und hatte innerhalb kürzester Zeit das Vermögen der Familie durchgebracht. Zurück blieben ein paar teure Möbel und Bilder sowie das Gefühl, der besseren Gesellschaft zugehörig zu sein. Helen heiratete Frank Wyman ii., und mit ihm bekam sie zuerst Starr und später Tucker. Noch vor Tuckers Geburt zog die Familie nach New Jersey. Wyman war Investmentbanker, schien in seinem Beruf aber, zur Enttäuschung seiner Frau, nur mäßig erfolgreich zu sein. 1924 ließen sich die beiden scheiden. Helen heiratete noch im selben Jahr den Witwer Stanley E. Faithfull. Die beiden Mädchen, Starr und Tucker, waren nach der Scheidung bei ihrer Mutter geblieben, und sie alle nahmen den Familiennamen Faithfull an.

Anfangs hatte Helen wohl gehofft, mit Stanley einen finanziell besseren Fang gemacht zu haben. Er war Chemiker und nach eigenen Angaben Miteigentümer einer Chemiefabrik. Dieser Eindruck stellte sich jedoch sehr bald als Irrtum heraus. Die Fabrik war Konkurs gegangen, und es war mehr als zweifelhaft, dass Faithfull jemals mehr als nur ein Angestellter gewesen war.

Laut ihrer Mutter war Starr ein glückliches, aufgewecktes Kind. Anstatt mit Puppen zu spielen, kletterte sie lieber auf Bäume oder rannte mit den Nachbarskindern um die Wette. Sie war das, was man einen »tom boy« nennt.

Bereits vor der Scheidung von Wyman verbrachte Helen mit ihren Töchtern die Sommer regelmäßig bei reichen Verwandten in Massachusetts. Andrew James Peters, der Ehemann von Helens Cousine Martha, war Kongressabgeordneter und ehemaliger Bürgermeister der Stadt Boston. Peters war es, der Starr den Besuch teurer und renommierter Privatschulen ermöglichte, und er nahm sie oft und gerne mit auf Reisen. Gemeinsam stiegen sie dann in luxuriösen Hotels ab. Alles selbstverständlich mit Helens Zustimmung.

Später kam heraus, dass Peters die damals Elfjährige ganz langsam an den sexuellen Missbrauch herangeführt hatte. Zunächst erzählte er ihr befremdliche Gute-Nacht-Geschichten, danach kamen pornographische Bilder hinzu, und schließlich betäubte er sie mit Äther, um sich an ihr zu vergehen. Der Missbrauch zog sich über die nächsten sieben Jahre. Aus dem lustigen, lebhaften Kind wurde ein mürrischer, zurückgezogener Teenager, und ihre Familie konnte sich diese Veränderung nicht erklären. Starr litt unter Stimmungsschwankungen und lebte diese auch aus. Es gab Zeiten, in denen sie sich weigerte, zum Schwimmen zu gehen, da sie sich nicht in einem Badeanzug zeigen wollte. Sie zog sich von ihren Freunden zurück und schloss sich tagelang in ihrem Zimmer ein. Niemand stellte eine Verbindung zwischen ihrem Verhalten und den Ausflügen mit Peters her.

Im Winter 1924, Helen und Stanley hatten erst vor wenigen Monaten geheiratet, gestand die fast 18-jährige Starr ihrer Mutter endlich den Missbrauch, nachdem sie in einem New Yorker Hotel wieder zwei Nächte mit Peters verbracht hatte.

Anstatt Peters anzuzeigen, witterten die Faithfulls die Möglichkeit, aus ihrem Wissen Kapital zu schlagen. Sie unterzeichneten eine Verschwiegenheitserklärung und erhielten im Gegenzug 20 000 Dollar. Starr kehrte nach den Winterferien nicht mehr in ihre teure Privatschule zurück, obwohl Peters das Schulgeld bis zum Ende des Schuljahres bezahlt hatte. Ob sie sich schämte oder hoffte, sich durch diesen Schritt von ihrem Peiniger lösen zu können, blieb ihr Geheimnis.

In Starrs Tagebüchern tauchte Peters unter seinen Initialen AJP auf. Starrs Gefühle für ihn schwankten in diesen Einträgen, manchmal hasste sie ihn abgrundtief, dann wieder war ihr Ton sanfter. Aber meistens war sie erfüllt von schrecklicher Angst und Abscheu: »Habe die Nacht mit AJP in Providence, Rhode Island, verbracht. Oh, Horror, Horror, Horror!«

Über die nächsten Jahre hinweg erhielten die Faithfulls immer wieder Geld von Peters. Am Ende soll die stattliche Summe von 80 000 Dollar zusammengekommen sein. Nach heutigem Wert würde es sich dabei um knapp anderthalb Millionen Dollar handeln. Anstatt Starr zu helfen, hatte die Familien ihren Missbrauch monetarisiert. Den letzten Brief an Peters schrieb Stanley Faithfull noch in der Nacht, nachdem er seine tote Stieftochter in der Leichenhalle identifiziert hatte.

Zu Hause wurde Starr immer unausstehlicher. Sie ließ sich bedienen, scheuchte alle ganz nach ihren Launen umher. In ihrem Tagebuch schrieb sie über Tucker, dass sie sie nicht ausstehen konnte. Ihren Stiefvater nannte sie den »alten Trottel« oder »Idioten«. Sie verbrachte ihre Tage meist schlafend und die Nächte in Gesellschaft unterschiedlicher Männer. In den letzten Wochen und Monaten vor ihrem Tod hatte sie sexuelle Beziehungen zu mindestens neunzehn verschiedenen Männern. Der Gebrauch von Veronal gehörte zu ihren regelmäßigen Lastern, sie nahm es meist, ehe sie mit einem Mann schlief, wenn sie sich vorher nicht mit Alkohol betäubt hatte. Ihr Tagebuch, das sie liebevoll »Mem Book« nannte, war die einzige Konstante in ihrem Leben, der einzige Ort, an dem sie Zuflucht nehmen konnte, während um sie herum alles immer mehr außer Kontrolle geriet.

Am 30. März 1930 wurde ein Polizeibeamter zu einem Hotel in der Upper Westside gerufen. Die Gäste des Hotels hatten sich über Schreie und andere laute Geräusche beschwert. Das Zimmer mit der Nummer 48 war erst vor wenigen Stunden von einem jungen Ehepaar bezogen worden. In das Gästebuch hatten sie sich als Joseph und Mary Collins eingetragen. Als der Beamte den Raum betrat, lag die Frau nackt und betrunken auf dem Bett. Der Mann, nur mit Unterhemd und Hose bekleidet, hatte sie brutal zusammengeschlagen. Auf dem Tisch stand eine halb leere Flasche Gin. Nachdem er aufgefordert worden war, sich auszuweisen, zeigte Collins dem Beamten seine Armeeentlassungspapiere. Fragen zu seiner angeblichen Frau konnte er nicht beantworten. Während diese mit dem Rettungswagen in das Bellevue Hospital eingeliefert wurde, machte er sich aus dem Staub. Am nächsten Tag erschien Helen Faithfull im Krankenhaus, nachdem sie auf der Suche nach ihrer Tochter angefangen hatte, die Hospitäler abzuklappern. In der Krankenakte wurde der Name von Mary Collins auf Starr Faithfull abgeändert. Obwohl es ihr noch nicht gut ging, verließ Starr auf eigenen Wunsch, auf ihre Mutter gestützt, das Krankenhaus.

Wenige Monate später, im Sommer des gleichen Jahres, fuhr sie mit ihrer Mutter und ihrer Schwester auf einem der Cunard-Kreuzschiffe nach England. Stanley blieb allein in New York zurück. Während Helen und Tucker in einem schäbigen kleinen Hotel in Chelsea, London, abgestiegen waren, war Starr in einem wesentlich besseren Hotel untergekommen. Londoner Freunde sagten später, Starr habe während ihres Aufenthalts viel Geld ausgegeben. Sie sei in teuren Restaurants essen gewesen und habe nach Herzenslust eingekauft, Helen und Tucker habe sie jedoch nicht daran teilhaben lassen. Auch habe sie die beiden nur selten besucht. Die Situation spitzte sich so zu, dass ihre Mutter und ihre Schwester sich Geld von einem Bekannten leihen mussten, um die Heimreise bezahlen zu können. Nach Aussagen des Mannes habe er den Betrag nie zurückbekommen. Mit wem und wie lange Starr in London blieb, ist unbekannt, auch ob sie danach direkt nach New York zurückfuhr.

Im Frühjahr 1931, wenige Wochen vor ihrem Tod, fehlte ihr das Geld für eine solche Reise. Dennoch tauchte sie immer wieder an den Piers der Cunard Line auf. Sie nahm an den Abschiedspartys der Gäste und Crews auf den Schiffen teil und ging stets als eine der Letzten von Bord.

Am 29. Mai 1931 war sie auf die Franconia gekommen, um dem Schiffsarzt Dr. George Jameson-Carr eine gute Überfahrt zu wünschen. Der Schiffsarzt und Starr hatten ein besonderes Verhältnis. Die beiden hatten sich 1929 kennengelernt. Carr war auf der Überfahrt von England nach New York zu einem betrunkenen Paar in die dritte Klasse gerufen worden. Der Arzt erinnerte sich später, dass Starr halbwegs bekleidet, aber bewusstlos auf dem Bett in der Kabine lag. Während ihr männlicher, eben-falls stark angetrunkener Begleiter versuchte, mit ihr zu schlafen. Carr trennte die beiden und verlegte die junge Frau auf die Krankenstation, wo er ihr als Erstes den Magen auspumpte. Sie verliebte sich Hals über Kopf in ihn. Er war der einzige Mann, der keinen Sex von ihr wollte und einfach nur nett zu ihr war. Starr bezeich-nete ihn als die Liebe ihres Lebens. Der Arzt erwiderte diese Gefühle nicht. Einem Journalisten gegenüber sagte er später: »Man verliebt sich nicht in eine Frau, der man beim ersten Treffen den Magen ausgepumpt hat.«

Bei ihrem Besuch auf der Franconia war sie erneut ziemlich betrunken. Sie hatte Carr in seinen privaten Räumen aufgesucht. Er wies sie zurück und schickte sie nach Hause. Starr war enttäuscht, sie hatte sich mehr von diesem Besuch erwartet. Anstatt das Schiff zu verlassen, mischte sie sich unter die Gäste einer Farewell-Party. Auch dort trank sie weiter. Sie wurde erst entdeckt, als das Schiff bereits aus dem Hafen fuhr. Mit einem Beiboot wurde sie zurück an Land gebracht.

Starr wusste, in welch unangenehme Situation sie Carr gebracht hatte, und es tat ihr furchtbar leid. In den nächsten Tagen schrieb sie ihm drei Briefe. Einen am 30. Mai, einen weiteren am 2. Juni und einen dritten am 4. Juni 1931, einen Tag vor ihrem Verschwinden.

Am Abend des 4. Juni 1931 erzählte Starr ihrer Mutter, sie wäre bei einer Party für die Schauspielerin Miriam Hopkins gewesen und hätte dort die Schauspieler Bruce Winston und Jack Greenaway kennengelernt, mit denen sie sich am nächsten Tag treffen wollte. Dies stellte sich später als unwahr heraus, die Schauspieler waren zu diesem Zeitpunkt nicht mal in New York. Dr. Charles Young Roberts, ein Freund und ehemaliger Assistent Carrs, sagte später aus, er sei mit Starr an diesem Abend unterwegs gewesen. Sie seien unter anderem in einem Speakeasy gewesen und hätten sich auf der Heimfahrt ein Taxi geteilt.

Am 5. Juni 1931, dem Tag ihres Verschwindens, verließ Starr das Haus offensichtlich in bester Laune. Als sie aus der Wohnung fortging, hatte sie drei Dollar in der Tasche, die ganze zu diesem Zeitpunkt verfügbare Barschaft der Familie.

Im Laufe dieses Tages wurde sie von mehreren Zeugen gesehen. Immer in der Gegend zwischen den Piers, an denen die Schiffe der Cunard Line angelegt hatten, und ihrer Wohnung am 12 St. Lukes Place in Manhattan. Die

Taxifahrer, die sie an diesem Tag gefahren haben, sagten übereinstimmend aus, dass sie getrunken hatte. Sie wurde an Bord der Mauretania und der Carmania gesehen. Auf der Carmania traf sie sich erneut mit Roberts. Die beiden haben etwas getrunken und zusammen gegessen. Roberts brachte sie spätabends zum Taxi. Nach seiner Angabe wollte sie hinüber zur Île-de-France. Das Schiff sollte am selben Abend auslaufen. Ein Polizist erinnerte sich an Starr von dem Vorfall auf der Franconia, beobachtete, wie sie sich von Roberts verabschiedete und in ein Taxi einstieg.

Am 6. Juni 1931 soll sie ebenfalls von mehreren Zeugen gesehen worden sein, unter anderem von einem Polizeispitzel in Long Island. Er erinnerte sich, da sie angeblich in einen Streit mit einem ihrer Begleiter, einem Stadtbekannten Mobster und Bootleger, verwickelt war. Als sie am Abend immer noch nicht nach Hause gekommen war, meldete ihre Familie sie als vermisst.

Wenige Tage später kam Carr in England an. Starrs Leiche war da bereits gefunden worden, und die Nachricht über ihren mysteriösen Tod stand auf allen Titelseiten der Boulevardblätter. Kurz nach seiner Ankunft wurden ihm Starrs Briefe übergeben. Nachdem er sie gelesen hatte, machte er sich umgehend und auf eigene Kosten mit dem nächsten Schiff auf den Weg zurück nach New York. Er wollte zur Klärung des Falls beitragen und die Briefe persönlich der Staatsanwaltschaft übergeben.

Im ersten Brief entschuldigte sich Starr für ihr Verhalten bei ihrem letzten Treffen. Sie sprach davon, ihr »wertloses, unordentliches, langweiliges Dasein« zu beenden, ehe sie auch das Leben eines anderen ruinieren würde.

Sie gestand ein, mit ihrem Verhalten ein »schreckliches, zukunftsloses Durcheinander angerichtet« zu haben. »Ich hasse alles so sehr – das Leben ist schrecklich ... Ich bin wütend und verrückt nach dir ... Ich habe seltsamerweise ein Gefühl des Friedens, oder wie auch immer Du es nennst, jetzt, da ich weiß, dass es bald vorbei sein wird. Die halbe Stunde, ehe ich sterbe, wird, so stelle ich mir vor, ziemlich glückselig sein.« Noch ehe sie den Brief zu Ende geschrieben hatte, schien sie ihre Pläne aber wieder geändert zu haben. Im selben Brief plante sie, Carr nach seiner Rückkehr wiederzusehen.

Der Brief vom 2. Juni war für Carrs Arbeitgeber gedacht. Der Ton war viel sachlicher. Sie sprach Carr darin auch nicht mit seinem Vornamen an. Außerdem übernahm sie die Verantwortung für den Zwischenfall auf der Franconia, entschuldigte sich und hoffte, dass dem Arzt keinerlei Unannehmlichkeiten durch ihr Fehlverhalten entstanden.

Im dritten Brief sah sie die Hoffnungslosigkeit ihrer Liebe zu Carr ein. Sie schrieb offen über Suizid: »Jetzt ist alles egal. Ich liebe es, zu essen, und kann eine köstliche Mahlzeit genießen, ohne mir Gedanken über eine Gewichtszunahme machen zu müssen. Ich liebe Musik und werde gute Musik hören ... Ich werde langsam trinken und jede Sekunde auskosten ... Es ist mir einerlei, ob die Männer auf der Straße mit mir flirten – ich werde sie ermutigen –, es ist mir egal, wer sie sind.« Sie sprach ausdrücklich davon, dass sie kein Veronal oder ähnliches Mittel zu sich nehmen wollte, da dies ihre Wahrnehmung trüben würde. Sie wollte bei vollem Bewusstsein ihrem Leben ein Ende setzen.

Die Ermittlungen wurden eingestellt, nachdem Carr die Briefe dem Untersuchungsrichter vorgelegt hatte und ihre Richtigkeit von mehreren Experten bestätigt worden war. Die Zeitungen scheuten nicht davor zurück, die Briefe in voller Länge abzudrucken, genauso wie sie es zuvor schon mit den intimen Tagebucheintragungen Starrs gemacht hatten.

An dieser Stelle könnte ihre Geschichte zu Ende sein, gäbe es nicht auch noch die Aussage eines Chauffeurs namens Goldstein. Goldstein war nicht sein richtiger Name. Er gab an, Starr und zwei Männer vor wenigen Jahren von Paris in den Süden Frankreichs gefahren zu haben. Der eine war ein Franzose und arbeitete als Gigolo, der andere war ein Amerikaner, und es schien, als würde er Starr und den Franzosen auf dieser Reise aushalten. Das Mädchen, so der Chauffeur, war die meiste Zeit betrunken.

Am Samstag, dem 6. Juni, hatte er Starr dann in Begleitung des Franzosen in Brooklyn wiedergesehen. Goldstein wartete im Wagen auf seinen Chef, einen reichen Geschäftsmann, als er die beiden über die Straße gehen sah. Er war absolut sicher.

Am Tag danach musste er seinen Arbeitgeber zu dessen Geliebten nach Long Beach fahren. In seiner Mittagspause ging er in ein nahe gelegenes Pub. Dort sah er den Franzosen wieder. Dieses Mal war er in Begleitung eines Mannes. Den anderen Mann hatte der Chauffeur noch nie gesehen. Die beiden saßen am Nebentisch mit dem Rücken zu ihm. Er war neugierig und versuchte so gut es ging zu hören, was am anderen Tisch gesprochen wurde, verstand aber nur Wortfetzen. Der Franzose fragte seinen Begleiter, ob er das Paket gut verstaut habe, und dieser antwortete ihm, es wäre im Kofferraum. Kurze Zeit später bezahlten sie und gingen, auch der Chauffeur musste wieder zu seinem Auto zurück. Er sagte, der Franzose wäre ein halbseidener Kerl und Frauenschläger, das sei alles, was er dazu sagen könne.

Der Tod Starr Faithfulls wurde nie aufgeklärt. Es könnte ein Unfall, Selbstmord oder auch Mord gewesen sein. Keiner ihrer persönlichen Gegenstände wurde je gefunden, und niemand weiß mit Sicherheit, was mit ihr nach dem 5. Juni geschah, als Roberts sie nachts zum Taxi gebracht hatte. Dass sie zur Île-de-France hinüberfuhr, es geschafft hatte, sich an Bord zu schmuggeln und dann betrunken vor Long Island über die Reling gefallen war, ist auszuschließen. Sie hatte zu viel Sand in den Lungen und keinen Alkohol im Blut. Zudem hatte das Schiff bereits abgelegt, als sie ins Taxi stieg.

Irgendwo und mit irgendwem musste sie ihre letzten beiden Tage verbracht haben. Ihre drei Dollar hätten nicht ausgereicht für ein so üppiges Mahl. Sie war also jemandem begegnet, und diese Person hatte ihr das Essen bezahlt. Vielleicht war sie mit ihm auf ein Zimmer gegangen, hatte Beruhigungsmittel zu sich genommen und mit dem Mann geschlafen. Er könnte die bewusstlose Starr dann in Panik entsorgt haben.

Ungeklärt blieben auch ihre zahlreichen Blutergüsse und blauen Flecken. Die Rechnung des Beerdigungsinstituts wurde von der Familie niemals beglichen. Ebenso wie die Urne mit ihrer Asche niemals abgeholt wurde.

Charles Schmid,
der Rattenfänger von Tucson

Sie zog ihre Schultern hoch und holte tief Luft mit der puren Freude, am Leben zu sein, und genau in diesem Moment geschah es. Connie blickte auf ein Gesicht, das nur wenige Meter von ihrem entfernt war. Es war ein Junge mit struppigen schwarzen Haaren in einem gold-farben bemalten Cabriolet. Er starrte sie an, und dann weiteten sich seine Lippen zu einem Grinsen. Connie blickte ihn mit zusammengekniffenen Augen an und wandte sich ab, doch sie konnte nicht umhin, zurück-zublicken, und da war er, er beobachtete sie immer noch. Er wedelte mit dem Finger, lachte und sagte: »Ich kriege dich, Baby.«

Joyce Carol Oates,
»Where Are You Going, Where Have You Been?«

Joyce Carol Oates schrieb die Kurzgeschichte »Where Are You Going, Where Have You Been?« im Jahr 1966. Sie erzählt darin von Connie, einem 15-jährigen Mädchen, das sich von ihren Eltern missverstanden fühlt. Connie will raus aus der familiären Enge, raus aus der spießigen kleinen Stadt, in der sie lebt. Sie hasst

131

die Barbecues mit ihren Eltern und deren Freunden. Die identisch aussehenden aufgeräumten Häuser mit ihren Vorgärten. Die Leben, die sich bis aufs Haar zu gleichen scheinen. Connie glaubt, umgeben von dieser Uniformiertheit vor Langeweile zu sterben, dabei will sie doch nur eins: das Leben oder das, was sie dafür hält, spüren. Wie Connie geht es vielen Teenagern, damals wie heute. Sie fühlen sich ungeliebt und missverstanden. Connie wächst in einer Stadt irgendwo in den USA auf. Einer Stadt, wie es viele gibt. Einer Stadt wie Tucson, Arizona.

In den Jahren nach dem Zweiten Weltkrieg ist Tucson von 85 000 Einwohnern auf mehr als 300 000 angewachsen. Die Stadt platzt aus allen Nähten. In den Schulen wird zeitweilig in zwei Schichten unterrichtet, da durch die ständig neu hinzugezogenen Familien nicht alle Schüler gleichzeitig Platz finden. Tucson hat wenig für Jugendliche zu bieten, und so bleibt nach Schulschluss meist nur trostlose Leere und Langeweile. Man trifft sich in Teenager-Clubs wie dem Hi Ho, auch »pick-up palace« genannt. Hier steigt man in die Autos von Freunden, um den Rest des Abends gemeinsam durch die Stadt zu cruisen. Die Wagen sind vollgepackt mit Teenagern, durch die geöffneten Fenster dringen die Musik und ihr Lachen nach draußen. Es geht die schnurgeraden Straßen entlang, vorbei an den Tankstellen, den Motels, den Bars. Immer wieder, auf und ab. Mit einer gefälschten ID, die für 2,50 Dollar auf jedem Highschool-Pausenhof zu haben ist, kann man an Alkohol kommen, der dann etwas außerhalb der Stadt in der Wüste getrunken wird. In Tucson nennt man die Jugendlichen »boondockers«.

Sie lassen sich mit billigem Alkohol volllaufen oder haben auf den Rücksitzen der Autos Sex. Ein Teenager zu sein, ist an sich schon schwierig, dies dann auch noch an einem Ort mitten in der Wüste, in dem gefühlt nichts passiert, macht das Leben nicht einfacher. Wer abhauen kann, tut es: Jeden Monat werden den Polizeibehörden fünfzig jugendliche Ausreißer gemeldet. Manche von ihnen kehren nach ein paar Wochen oder Monaten nach Hause zurück, andere bleiben verschwunden.

Am 1. Juni 1964 meldet Norma Rowe ihre 15-jährige Tochter Alleen vermisst. Norma arbeitet als Krankenschwester im Tucson Hospital. Sie lebt seit der Scheidung allein mit ihrer Tochter. Die beiden haben ein enges Verhältnis. Alleen ist eine gute Schülerin, sie träumt davon, nach der Highschool auf ein College zu gehen, um Ozeanographie zu studieren. Sie ist ein ruhiges, eher introvertiertes Mädchen. Sie gehört nicht zur Gruppe der coolen *girls* in ihrer Klasse, ist aber auch keine Außenseiterin. Alleen ist irgendwo in der Mitte. Gleich hinter dem Haus, in dem sie wohnt, beginnt die Wüste, und Alleen liebt es, abends dort allein spazieren zu gehen und den Sternenhimmel zu betrachten. In jüngster Zeit hat ihre Mutter eine Veränderung an ihrer Tochter festgestellt. Alleen macht sich plötzlich Gedanken über den Tod, etwas, das vorher nie zur Sprache gekommen ist. Sie sagt ihrer Mutter, sie glaube an Reinkarnation und würde in einem neuen Leben gerne als Katze wiedergeboren werden.

Der 31. Mai 1964 ist ein Sonntag. Alleen will an diesem Abend zeitig zu Bett gehen. Sie muss am nächsten Morgen um 6 Uhr in der Schule sein. Gemeinsam mit ihrer Mutter hat sie sich einen Auftritt der Beatles im Fernseher angesehen. Danach hat Alleen versucht, Norma den neuesten Modetanz, den Fug, beizubringen. Sie lachen viel. Es ist ein unbeschwerter Abend. Danach hat Alleen geduscht und einen zweiteiligen Badeanzug angezogen. Orange mit schwarzem Blumenmuster. Ihr normales Outfit für zu Hause. Sie hat sich Lockenwickler ins Haar gedreht und ist kurz darauf ins Bett gegangen. Als Norma gegen zweiundzwanzig Uhr das Haus verlässt, um zur Nachtschicht zu gehen, sieht sie noch einmal nach ihrer Tochter. Alleen schläft.

Seit Kurzem verbringt Alleen viel Zeit mit einem Mädchen aus der Nachbarschaft: Mary French. Die beiden Teenager rauchen heimlich im Garten, kichern viel und reden über alles, was man in diesem Alter so bespricht. Norma ist von der neuen Freundin ihrer Tochter nicht begeistert, aber es ist weniger Mary, mit der sie nicht einverstanden ist, es sind Marys Freunde, die ihr nicht gefallen. Der eine heißt John Saunders. Ein großer, schlaksiger Junge von 19 Jahren. Saunders hat die Schule abgebrochen und hängt mit Charles Schmid ab. Schmid ist noch weniger als Saunders jemand, den sich Norma als Umgang für ihre 15-jährige Tochter wünscht. Wie sein Kumpel Saunders ist er ein Schulabbrecher, er scheint nicht zu arbeiten, und trotzdem verfügt er über genügend Geld, um sich ein eigenes Auto leisten zu können. Norma hat gesehen, wie Schmid in seinem goldfarbenen Wagen die Straße auf und ab raste. Als er einmal Alleen besuchen wollte und feststellte, dass sie nicht zu Hause war, hat er Norma so durchdringend und drohend angestarrt, dass ihr fast Angst wurde. Norma hat nach diesem Vorfall mit ihrer Tochter über Schmid gesprochen. Auch sie fände ihn manchmal seltsam, hat sie ihrer Mutter gesagt, aber Mary sei ganz vernarrt in ihn, und Alleen mochte ihre Freundin. Sie sagte ihrer Mutter, dass Schmid auch eine andere Seite habe, er sei hilfsbereit, und wenn eines der Mädchen krank war, erkundigte er sich nach ihr und brachte Blumen mit. Alleen sagte: »Wenn er will, kann er sehr nett sein.« Norma ließ es darauf beruhen.

Bei ihrer Vermisstenanzeige am Tag nach Alleens Verschwinden erwähnt Norma auch Mary French, John Saunders und Charles Schmid. Sie sagt den Polizisten, dass sie ein ungutes Gefühl habe. Die Beamten statten den Jugendlichen einen kurzen Besuch ab, danach setzen sie Alleens Namen auf die monatliche Vermisstenliste. Norma lässt ihr Gefühl nicht los, die drei könnten etwas mit dem Verschwinden ihrer Tochter zu tun haben. In den folgenden Tagen, Wochen und Monaten stellt Norma Schmid nach. Sie beobachtet und verfolgt ihn, wann immer sie Zeit dazu findet. Wiederholt geht sie zur Polizei. Doch je öfter sie dort vorstellig wird, umso weniger werden ihren Bedenken ernst genommen. In den Augen der Beamten wird sie zur »seltsamen Mutter«, die einfach nicht verstehen kann oder will, dass sie alle mit ihrem Verhalten nervt. Kein Wunder, dass es die Tochter in so einem Haus nicht ausgehalten hat und bei der ersten Gelegenheit davongelaufen ist. Je länger Alleen verschwunden bleibt, umso fester ist Norma der Überzeugung, dass ihrer Tochter etwas zugestoßen sein muss und dass Mary und ihre Freunde mehr wissen.

Aber sosehr sie auch versucht, etwas herauszufinden: Es gelingt ihr nicht.

Ein Jahr später, am 17. August 1965, meldet Dr. James Fritz, ein bekannter Herzchirurg, seine beide Töchter Gretchen, 17, und Wendy, 13, vermisst. Die Mädchen wollten am Tag zuvor in ein Drive-in-Kino gehen und sich dort den neuesten Film mit Elvis Presley ansehen.

Wendy ist ein schüchterner Teenager. Ihre große Schwester ist ihr Idol. Gretchen gilt als *troublemaker*. Einer ihrer Lehrer bezeichnet sie als sprunghaft, subversiv und als pathologische Lügnerin. Ihre vermögenden Eltern haben sie auf ein privates Mädcheninternat geschickt. Dort schockiert Gretchen ihre Mitschülerinnen mit Aussagen wie der, dass sie schön dumm wären, mit Jungs auszugehen, ohne sich dafür bezahlen zu lassen. Gretchen liebt es, zu provozieren und sich unbeliebt zu machen. Sie schwänzt den Unterricht, taucht auf einer Tanzveranstaltung mit einer Gruppe Beatniks auf, und in den Sommerferien der elften Klasse wird sie bei dem Versuch erwischt, mit anderen Jugendlichen Alkohol aus einem *liquor store* zu stehlen. Der Vorfall ist der Tropfen, der das Fass zum Überlaufen bringt. Das Mädchen wird von der Schule suspendiert, und der Direktor empfiehlt den Eltern, ihre Tochter aufgrund ihres auffälligen Verhaltens einer psychiatrischen Behandlung unterziehen zu lassen.

Im Sommer 1964 lernt Gretchen Charles Schmid im Schwimmbad in Tucson kennen. Das schlanke blonde Mädchen ist ihm aufgefallen, und er ist ihr nach Hause gefolgt. Dort hat er an ihrer Tür geklopft, und als sie öffnete, hat er gefragt: »Kenn ich dich von irgend-

woher?« Schmid färbt seine hellbraunen Haare blau-
schwarz, um auszusehen wie sein Idol Elvis Presley. Er
trägt Make-up und schminkt sich die Wimpern dick mit
schwarzer Mascara. Seine blauen Augen wirken dadurch
noch strahlender. Mit seiner Jeans und den schwarzen
Cowboystiefeln sieht er aus wie ein Rebell. Schmid ist
anders als die anderen Jungs, und das gefällt Gretchen
von Anfang an. Sie ist von ihm so angetan, dass sie und
Charles ab diesem Zeitpunkt unzertrennlich sind. Sehr
zum Missfallen ihrer Eltern.

Nach Gretchens und Wendys Verschwinden wird
Schmid von der Polizei befragt. Er gibt an, Gretchen
habe immer wieder Ärger mit ihren Eltern gehabt. Ihm
gegenüber habe sie erwähnt, sich mit Wendy eine Weile
nach Kalifornien absetzen zu wollen. Damit ist auch dieser Fall für die örtliche Polizei erledigt. Wie bei Alleen
Rowe glauben die zuständigen Beamten, die beiden
Mädchen hätten sich unverstanden gefühlt und seien
von zu Hause ausgerissen.

Dr. James Fritz gibt sich damit nicht zufrieden. Gretchen ist manchmal schwierig, aber sie würde nicht einfach so mit ihrer Schwester durchbrennen. Sie liebt
Wendy, und ihrer kleinen Schwester gegenüber hat sie
sich immer verantwortungsvoll verhalten. Gretchens
und Wendys Eltern heuern einen Privatdetektiv an. Dieser findet kurz darauf Gretchens Auto. Der rote Wagen parkt mitten in Tucson hinter einem Motel. Neben
ihrer Tasche und den Schlüsseln findet sich auch noch
der Geldbeutel mit 200 Dollar im Wagen. Von den beiden Mädchen fehlt jedoch jede Spur. Auch nach diesem
Fund zeigt sich die Polizei weiterhin wenig beeindruckt.

Dies ändert sich erst im November 1965. Richard Bruns, ein 19-Jähriger aus Tucson, hat seiner Großmutter in stark angetrunkenem Zustand eine Geschichte erzählt, die diese zunächst für eine wirre Phantasterei ihres Enkels hält. Erst nach und nach ergibt das ganze Sinn, so viel, dass sie ihn am nächsten Tag zur Polizei schickt. Dort erzählt Bruns noch einmal alles der Reihe nach.

Auch Richard »Richie« Bruns gehört zum Freundeskreis um Charles Schmid. Nachdem John Saunders sich zur Armee gemeldet hat, ist er in der Clique zu Schmids engstem Freund aufgestiegen. Für Bruns eine Ehre, denn fast jeder Teenager in Tucson hat von Schmid gehört oder kennt ihn. In den Augen der jungen Leute ist er ohne Frage der krasseste Typ der Stadt. Seltsam ... ja. Unheimlich ... manchmal.

Schmid kam am 8. Juli 1942 zur Welt. Über seine leiblichen Eltern gibt es kaum Informationen. Er behauptete viele Jahre später, bei dem Versuch, als junger Erwachsener mit seiner biologischen Mutter Kontakt aufzunehmen, hätte die ihm mit den Worten, er solle sich »nie wieder blicken lassen« die Tür vor der Nase zugeschlagen. Seinen Freunden erzählte er, sein eigentlicher Name wäre Angel Rodriguez. Außer dieser, seiner eigenen Behauptung gibt es keinerlei Unterlagen darüber. Tatsache ist: Bereits einen Tag nach seiner Geburt wurde er von Charles und Katherine Schmid adoptiert. Die Schmids waren kinderlos und vermögend. Sie betrieben ein privates Seniorenheim in Tucson. Katherine liebte ihren Sohn und verwöhnte ihn. Er hatte im Großen und Ganzen eine glückliche Kindheit, ohne jede Auffälligkeit. Er war intelligent, gehörte aber nie zu den eifrigen Schülern seiner Klasse. Er machte gerade so viel, um durchzukommen. Er wurde weder gehänselt, noch war er ein Außenseiter, ganz im Gegenteil. Er war bei seinen Mitschülern beliebt. Die Schwierigkeiten begannen in der Pubertät. Mit seinem Vater kam es zu Reibereien. Er warf seinem Sohn vor, sich nicht genug in der Schule einzubringen, nicht diszipliniert genug zu sein. Seine Eltern schickten ihn auf eine Militärschule in San Diego, Kalifornien. Der Drill war nichts für ihn, und seine Mutter vermisste ihr einziges Kind. Nach ein paar Monaten war er wieder zurück an seiner alten Highschool. Seine schulischen Leistungen wurden zwar nicht besser, aber Schmid hatte den Sport für sich entdeckt. In der elften Klasse gewann er die Arizona State Championship in Gymnastik. Doch der Sport langweilte ihn bald. Im Jahr darauf, kurz vor seinem Abschluss, wurde er dabei erwischt, wie er Werkzeug aus der schuleigenen Werkstatt stahl. Die Schule suspendierte ihn für ein paar Wochen. Schmid hätte eigentlich zurückkommen können, um seinen Abschluss zu erhalten, er verzichtete jedoch darauf. Das Kapitel Schule war ein für alle Mal beendet.

Von seinen Eltern bekam er das eigentlich als Geschenk zum Schulabschluss gedachte goldfarbene Auto und ein monatliches Taschengeld von 300 Dollar, was einem heutigen Kaufwert von über 3000 Dollar entsprechen würde. Einen Job suchte er sich sehr zum Missfallen seines Vaters nicht. Auch im Seniorenheim wollte er nicht mitarbeiten. Zu Hause kam es deswegen zu Spannungen, und er zog in ein eigenes kleines Cottage auf dem Grundstück seiner Eltern. Mietfrei und möbliert.

In seiner neuen Bleibe feierte er Wochenende für Wochenende ausgelassene Partys. Am nächsten Tag kam seine Mutter und räumte auf.

Schmid umgab sich gerne mit Jugendlichen, die ein paar Jahre jünger waren als er. Die störten sich weder an seinen gefärbten Haaren noch an seinem Make-up, welches er immer dicker auftrug, bis es aussah, als würde es aus seinem Gesicht bröseln, oder an dem schwarzen aufgemalten Schönheitsfleck auf seiner Wange, der den Durchmesser einer Vierteldollarmünze hatte. Schmid war so, wie er war, ein Unikat. Er hatte den Mut, auf die Konventionen der Erwachsenen zu pfeifen. Er machte sich seine eigenen Regeln. Er wird als hilfsbereit und nett beschrieben. Er hatte gute Manieren und wusste sich zu benehmen, um Eindruck zu schinden, trotz seines bizarren Aussehens.

Schmid war von kleiner und stämmiger Statur. Auch wenn er sich nach außen sehr selbstbewusst gab, hatte er ein Problem damit. Irgendwann schickte er seinen Vertrauten Bruns los, um ihm ein paar Cowboystiefel zu kaufen. Er wollte die größte Größe, die im Laden zu haben war. Selbst in den Laden zu gehen, kam für ihn nicht infrage, die Verkäufer hätten ihn fragen können, warum er die Schuhe nicht in seiner Größe kaufen wollte. Er stopfte sie mit alten Lumpen und zerdrückten Getränkedosen voll. Auch wenn sein Gang nun hölzern und watschelnd war, hatte er erreicht, was er wollte: Aus seinen 161 cm waren 170 cm geworden. Dass er sich mit den Stiefeln fast nicht auf den Beinen halten konnte, nahm er in Kauf.

Trotz oder vielleicht gerade wegen der Maskerade kam

er bei den Mädchen in Tucson gut an. Schmid prahlte mit seiner Potenz, er behauptete, mehr als hundert Arten zu kennen, mit Frauen zu schlafen und sie zum Orgasmus zu bringen. Er pflegte das Image des *bad boy*, und nicht wenige der weiblichen Teenager, darunter auch Gretchen Fritz, fanden das anziehend.

Bruns, der Schmids Verhältnis zu Gretchen aus nächster Nähe mitbekam, beschrieb es als eine Hassliebe. Die beiden konnten nicht mit-, aber auch nicht ohneeinander. Gretchen wird von Bruns als übergriffig und besitzergreifend beschrieben. Waren sie nicht zusammen, wollte sie von Schmid wissen, mit wem er wo und wann gewesen war. Rief sie ihn an und er ging nicht sofort ans Telefon, machte sie ihm eine Szene. Die beiden stritten sich bis aufs Messer, nur um sich wenige Minuten später wieder küssend in den Armen zu liegen. Gretchen beschmierte sein ganzes Auto mit Lippenstift. Schmid schrieb anonyme Briefe an Gretchen Eltern und an die örtliche Gesundheitsbehörde, in denen er sie bezichtigte, mit jedem ins Bett zu gehen und Geschlechtskrankheiten zu verbreiten. Gretchen verlangte von ihm, sich von anderen Mädchen fernzuhalten, und stahl sein Tagebuch, um nachzusehen, ob er auch die Wahrheit sprach. Mehr als einmal sagte Schmid zu Bruns, dass er sie gerne loswerden würde, dass er sie tot sehen will, nur um gleich darauf zu versichern, dass er noch nie so geliebt habe.

Im Juli 1965 verbrachte Gretchen mit ihrer Familie ein paar Ferienwochen in Kalifornien. Als sie zurückkam, beichtete sie Schmid, dass sie dort einen anderen Jungen kennengelernt habe. Sie habe ihn geküsst, aber mehr sei nicht gelaufen. Schmid war rasend vor Eifersucht. Sie stritten sich, danach war die Sache für Gretchen beendet. Nicht aber für Schmid. Sein Ego war angekratzt. Und was noch schlimmer war: Er hatte ihr während ihrer Beziehung Dinge gebeichtet, die ihm nun gefährlich werden konnten. Schmid hatte vor ihr geprahlt, dass er einen Jungen umgebracht und dessen Hände abgehakt habe, um die Identifizierung zu erschweren. Und er hatte ihr auch den Mord an Alleen Rowe gestanden. Gretchen war nicht die Einzige, die von dem Mord wusste. Schmid hatte auch vor anderen damit angegeben, aber ob sie die Geschichte tatsächlich glaubten oder nur für eine seiner abgefahrenen Storys hielten, ist schwer zu beurteilen. Gretchen hatte sein Tagebuch, und darin stand alles schwarz auf weiß. Schmid hatte niedergeschrieben, dass er den Wunsch habe, einen Menschen zu töten. Es war zu lesen, dass er ein Mädchen vergewaltigen und umbringen wollte. Wenn Gretchen das Tagebuch zur Polizei brachte, war er erledigt.

Im Tagebuch stand, dass er gemeinsam mit seiner damaligen Freundin Mary French eine Liste mit den Namen dreier Mädchen erstellt hatte. Es war schwierig gewesen, an die ersten beiden heranzukommen. Alleen war die Letzte auf der Liste gewesen. Wenn ihre Mutter zum Dienst ging, war sie nachts allein.

Mary, Saunders und Schmid hatten das Mädchen in jener Nacht aus dem Haus gelockt. Es sei ganz einfach gewesen, da Alleen Mary blind vertraut habe. Zu viert seien sie in die Wüste gefahren, Alleen nur mit einem leichten Bademantel über dem Badeanzug und Lockenwicklern im Haar. In der Wüste haben Saunders und er das Mädchen vergewaltigt und anschließend mit einem

Stein erschlagen. Mary saß die ganze Zeit im Auto und hörte Musik, als würde nichts geschehen. Nach der Tat ist Schmid zu ihr zum Auto zurück und sagte: »Wir haben sie umgebracht. Ich liebe dich.« Dann küsste er sie. Die drei verscharrten Alleens Leiche und setzten danach ihr Leben fort, als wäre nichts gewesen.

Nun, nachdem Gretchen nichts mehr von ihm wissen wollte, hatte Schmid ein Problem. Er konnte nicht einschätzen, ob sie ihm gegenüber weiter loyal sein würde. Vielleicht nagte auch einfach die Schmach, von ihr verlassen worden zu sein, an ihm. Er musste wieder an das Tagebuch gelangen. Er musste etwas tun.

An den Tagen nach Gretchens Verschwinden fiel Bruns auf, dass sein Freund viel entspannter war. Er zuckte nicht bei jedem Klingeln des Telefons zusammen, und auch sonst wirkte er ausgeglichener. Bei einem gemeinsamen Trinkgelage in seinem Cottage erzählte Schmid Bruns, dass er Gretchen und Wendy umgebracht habe. Er erzählte ihm in aller Ausführlichkeit, dass er die Schwestern hier, in dem Raum, in dem sie jetzt saßen, erwürgt habe. Zuerst Gretchen, dann Wendy. Danach habe er ihre leblosen Körper an einem der Teenagertreffpunkte entsorgt. Er habe sich nicht einmal die Mühe gemacht, sie im Wüstensand zu verscharren. Auch den Grund, warum er sie getötet hatte, ihr Wissen um den Mord an Alleen, verriet er Bruns. Der sollte nun mit ihm mitkommen und die beiden Mädchen, die seit fast zwei Wochen in der Wüste lagen, vergraben. Gemeinsam fuhren sie hinaus in die Wüste. Mit den mitgebrachten Schaufeln hoben sie die Gruben aus. Bruns sagte später, dass der Boden hart wie Beton war und sie fast die ganze

Nacht graben mussten. Schmid hatte Bruns aufgefordert, einen der Schuhe vom Boden aufzuheben und mit ins Grab zu legen. Bruns machte, was Schmid von ihm verlangte. Auf dem Weg zurück zum Auto habe Schmid zu ihm gesagt: »Deine Fingerabdrücke sind jetzt auf dem Schuh. Du steckst genauso in der Sache wie ich selbst.« Wie Saunders und Mary French vor ihm, tat auch er zunächst so, als wäre nichts passiert.

In den Wochen danach kam es Bruns vor, als würde Schmid nach und nach den Verstand verlieren. Er verwüstete sein Cottage, schlug mit den Fäusten gegen die Wände und schrie immer wieder, Gott würde ihn bestrafen. Bruns selbst war in keiner besseren Verfassung. Er hatte sich in Kathy Morath verliebt, ein 16-jähriges Mädchen aus der Highschool. Kathy gehörte auch zu der Gruppe um Schmid, er soll sie sogar eine Zeitlang gleichzeitig mit Mary French gedatet haben. Doch anders als Mary war Kathy nicht bereit, sich Schmid völlig unterzuordnen. Ihre Beziehung zerbrach, und Bruns freundete sich mit ihr an. Kathy fand ihn anfangs nett, je näher sie ihn kannte, desto weniger war sie an Bruns interessiert, sie fand ihn sonderbar. Kathy beendete die Beziehung. Bruns war am Boden zerstört. In den nachfolgenden Wochen steigerte er sich immer mehr in den Gedanken hinein, dass Kathy das nächste Opfer Schmids werden würde. Er wollte ihr seine Liebe zeigen, indem er sie vor Schmid beschützen würde. Von nun an trieb er sich Tag und Nacht in der Nähe ihres Hauses herum. Als er von Kathys Vater aufgefordert wurde, zu verschwinden, kam er mit seinem Hund zurück und führte ihn stundenlang in den Straßen um das Haus herum spazieren, bis die Anwohner schließlich die Polizei riefen. Bruns bekam eine gerichtliche Verwarnung und die Anordnung, sich eine Zeit in die Obhut seiner Großmutter in Ohio zu begeben. Dort kam es dann zum absoluten Zusammenbruch. Bruns war außer sich vor Sorge um Kathy. In seiner Verzweiflung betrank er sich sinnlos und erzählte seiner Großmutter alles.

1966 wird Charles Schmid des Mordes an Gretchen, Wendy und Alleen für schuldig befunden und zum Tode verurteilt. John Saunders bekommt für den Mord an Alleen Rowe lebenslänglich, und Mary French wird wegen Beihilfe zu vier Jahren verurteilt.

Die Leichen der Fritz-Schwestern können geborgen werden, Bruns hat die Beamten zu dem Platz geführt, an dem er und Schmid sie vergraben haben. Doch Alleen Rowes Leiche bleibt weiter verschwunden. An dem von Mary und Saunders angegebenen Ort werden nur die Lockenwickler gefunden. Der Körper muss ausgegraben und an einer anderen Stelle erneut verscharrt worden sein. Doch Schmid schweigt beharrlich.

Bis zum Morgen des 24. Juni 1967. An dem Tag eröffnet Schmid seinem Bewährungshelfer Daniel Sakall, er sei bereit, die zuständigen Behörden an den Ort zu führen, an dem Alleens Leiche liegt. Er täte dies, um zu beweisen, dass er zu Unrecht verurteilt wurde. Mit der Leiche könne er zeigen, dass er Alleen nicht erschlagen habe und dass alles ein Komplott seiner Mitangeklagten gegen ihn sei.

Als die Fahrzeuge der örtlichen Polizei die Harrison Road am östlichen Stadtrand von Tucson erreichen, lässt Schmid die Autos anhalten. Nachdem alle ausgestiegen sind, blickt sich Schmid kurz um, danach führt er sie den Hügel hinab zu einem Palo-Verde-Baum. Im Schatten des Baumes beginnen die Männer des Sheriffdepartments zu graben. Schmid, der in Handschellen dabeisteht, kniet sich nieder und fängt an, mit bloßen Händen zu buddeln. Wieder sagt er, er tue dies, um allen zu zeigen, dass Alleens Schädel nicht gebrochen und er somit unschuldig sei. Er betont mehrfach, wie fragil die Knochen mittlerweile seien. Er wolle um jeden Preis verhindern, dass sie durch die Grabungen zerstört werden. Während er gemeinsam mit dem Gerichtsmediziner gräbt, versichert er diesem, dass er, sobald sie den Schädel gefunden haben, sofort erkennen könnte, dass es keinen Bruch gebe und er unschuldig sei. Sheriff Burr sagt später über Schmid, dass dieser während des Grabens vor Aufregung ganz aus dem Häuschen gewesen sei. In den Zeitungen wird am nächsten Tag ein Bild abgelichtet, auf dem man sehen kann, wie Schmids Hände in Handschellen den Schädel seines Opfers berühren.

Bei der gerichtsmedizinischen Untersuchung wird eindeutig festgestellt, dass Alleen mit einem Schlag auf dem Kopf getötet wurde. Auch den Stein, mit dem dies geschehen ist, findet man bei dem Skelett. Schmid hat aber dennoch bekommen, was er wollte: Er konnte die Tat noch einmal in seiner Phantasie durchleben, während sie Alleen ausgruben.

1971, als in Arizona die Todesstrafe zeitweilig außer Kraft gesetzt wird, wird seine Todesstrafe in fünfzig Jahre bis lebenslänglich umgewandelt. Am 20. März

1975 wird er im Gefängnis von zwei Mithäftlingen im Streit erstochen.

Schmids Mutter Katherine steht auch nach seiner Verurteilung weiterhin zu ihrem Sohn, sie investiert ihr gesamtes Geld in Anwalts- und Gerichtskosten. Er wird auf dem Gefängnisfriedhof beerdigt, da seine Mutter befürchtet, sein Grab könnte auf einem anderen Friedhof geschändet werden. Ob es den Mord an dem Jungen, dem Schmid angeblich die Hände abgehackt hat, je gegeben hat, wird nie geklärt. Ebenso wenig, warum so viele der Jugendlichen, die über die Tötung Alleens durch Schmid Bescheid wussten, sich nie bei der Polizei gemeldet haben. Noch während der Prozess gegen ihn läuft, bekommt er von den Medien den Beinamen »der Rattenfänger von Tuscon« verpasst. Wie im Märchen der Gebrüder Grimm hat er es geschafft, die Jugendlichen um sich zu scharren. Sie folgten ihm, wollten mit ihm befreundet sein und deckten seine Taten. Sie verschlossen die Augen vor der Tatsache, dass ihr Held ein Scharlatan und Mörder war. Sie hielten an einem Trugbild fest, koste es, was es wolle.

Ein 1966 im *Life Magazine* publizierter Artikel inspiriert Joyce Carol Oates zu ihrer Kurzgeschichte »Where Are You Going, Where Have You Been?«. In Oates' Geschichte wird aus Charles Schmid Arnold Friend. Wenn man den Buchstaben »r« im Namen streicht, wird daraus »an old fiend« – ein alter Teufel.

Lee Morgan,
der Tod des Sidewinder

In der *New York Times* vom 20. Februar 1972 erscheint im Lokalteil ein kurzer, etwa zwanzigzeiliger Artikel. Die Überschrift lautet: »Jazzmusiker in Nachtclub-Auseinandersetzung getötet«. Der Trompeter Lee Morgan hat am Vorabend mit seinem Quintett im Slug's gespielt, einem Club in der 242 East 3rd Street zwischen der Avenue B und C. In der Pause zwischen den Auftritten sitzt er mit Freunden an der Bar, als seine Lebensgefährtin Helen More mit einer Pistole in der Hand auf ihn zukommt. Helen zielt auf Lees Brust und drückt ab, ehe einer der Anwesenden einschreiten kann. Die Tat ist der traurige Höhepunkt eines Beziehungsdramas, eine Kurzschlussreaktion aus blinder Eifersucht. Tathergang und Motiv sind offensichtlich. Ein Vorfall, so unspektakulär, dass er der *New York Times* nur diesen kleinen und leicht zu übersehenden Artikel wert ist.

Seit Jahren ist es mir ein Anliegen, über diesen Fall zu schreiben. Ich bin keine Jazzexpertin, überhaupt kenne ich mich mit Musik so gut wie gar nicht aus. Ich spiele weder ein Instrument noch habe ich ein Gehör für Melodien. Lees bekanntestes Stück »Sidewinder« aus dem gleichnamigen Album von 1963 erkenne ich jedoch sofort. Mit meiner Liebe zu diesem Stück bin ich nicht allein, einer meiner Professoren spielte es immer vor den Vorlesungen, während sich der Raum mit den Studierenden füllte.

Lee Morgan gilt als einer der bedeutendsten Musiker des Hard Bop. Der Hard Bop entstand wie der Cool Jazz aus dem Bebop, der in den 1940er-Jahren immer mehr den Jazz dominierte. Im Gegensatz zum konzertanten Cool Jazz ist der Hard Bop rauer, emotionaler, ursprünglicher. Die Musik erhält diesen speziellen Ausdruck durch die Soul- und Blues-Elemente, die in die Stücke eingearbeitet werden. Jazzkenner mögen mir diese stümperhafte Erklärung verzeihen.

In den späten 1960er-Jahren verkaufte Lee die Rechte an »Sidewinder« zur kommerziellen Nutzung an den Automobilhersteller Chrysler. Er bekam die damals immense Summe von 17 000 Dollar. Heute würde dies einer Kaufkraft von circa 150 000 Dollar entsprechen. Nachdem er das Geld erhalten hatte, tauchte er für eine Zeit ab. Heroin war *die* Droge der Zeit, und Lee war, wie viele Musiker, abhängig. Heroin war allgegenwärtig. Besonders weit verbreitet war es jedoch in den Stadtteilen Bronx, Manhattan und Brooklyn. In den Jahren 1953 bis 1955 wurde vor allem das italienisch geprägte South Village in Manhattan mit Drogen regelrecht geflutet. Die meisten Abhängigen waren männliche Jugendliche, die den Stoff von den Dealern der Mafia am Sheridan Square und an der Kreuzung Carmine Street und Bedford Street bezogen. Nachdem der Handel im Village stärker von der Polizei und den örtlichen Behörden kontrolliert wurde, verlagerte sich das Business gegen Ende des Jahrzehnts hinauf nach Harlem oder hinüber in die Lower East Side.

Anfang der 1960er-Jahre wurde auch Lee Morgan abhängig und blieb es über zehn Jahre. Erst kurz vor seinem Tod schien er sich von seiner Sucht lösen zu können. High zu werden bedeutete für ihn, normal funktionieren zu können. An den meisten Tagen war es ihm nicht möglich, ohne Heroin aufzustehen oder zu spielen. Konnte er vor einem Auftritt seine Sucht nicht mehr befriedigen, tauchte er gar nicht erst zu dem Gig auf. Lee sagte, der Bandleader Art Blakey sei derjenige gewesen, der ihn angefixt habe. Über Blakey gibt es das Gerücht, dass er seinen Musikern die Gage zumindest zum Teil in Heroin »ausgezahlt« habe. So waren sie nicht nur vom Stoff, sondern auch von ihm abhängig. Wie viel daran wahr ist, können nur Blakey und die Musiker, die für ihn gearbeitet haben, beurteilen. Heroin gibt seinen Konsumenten anfangs ein unglaubliches High, ein Gefühl, das kaum zu beschreiben ist. Doch dieses Hoch verschwindet nur zu schnell, und zurück bleibt ein schwarzes gefühlloses Loch und ein schmerzvoller körperlicher Entzug. Das Hoch, dem sie von nun an hinterherhecheln, werden sie nie mehr erreichen. Die meisten Süchtigen brauchen den schnell abhängig machenden Stoff, um halbwegs funktionieren zu können. Nur sehr wenigen gelingt es, die Sucht unter Kontrolle zu halten und ein normales Leben zu führen. Viele der Musiker nahmen Heroin, um der Realität ihres Alltags entfliehen zu können. Sie lebten in einer segregierten Gesellschaft. In vielen Teilen des Landes gab es Waschräume nicht nur nach Geschlecht, sondern auch nach Rassen getrennt. In öffentlichen Verkehrsmitteln durften Schwarze oft nur in den hinteren Reihen Platz nehmen. Redlining, das Abgrenzen von Wohngebieten aufgrund der Hautfarbe, war Teil ihrer Realität. Auch heute, im Jahr 2024, verfügt eine durchschnittliche schwarze Familie nur über ein Zehntel der Rücklagen einer durchschnittlichen weißen Familie. Schwarze leben immer noch in meist sozial schwächeren Vierteln, besuchen dadurch schlechtere Schulen, haben ein erhöhtes Risiko, gewalttätigen Übergriffen ausgesetzt zu sein, und landen statistisch gesehen häufiger im Gefängnis.

Jazzmusiker wie Lee Morgan spielten in von Weißen geführten Clubs vor weißem Publikum. Drogen ließen sie vergessen, dass sie sich, um zu ihren Gigs zu kommen, durch die dunklen Treppenhäuser der Hintereingänge schleichen mussten, weil es schwarzen Musikern verboten war, den Vordereingang zu benutzen, egal wie gefeiert und berühmt sie waren. Für viele von ihnen waren die Lebensumstände, in denen sie sich befanden, sehr belastend, und nicht wenige zerbrachen daran. Auf der Bühne und in der Öffentlichkeit erweckten sie den Anschein, dass alles in Ordnung war, doch wenn sie unter sich waren, sprachen die Musiker darüber, dass ihnen die »Weißen« ihre Musik stahlen, dass gierige Club-Manager ihnen so gut wie nichts zahlten und die weiße Mafia Harlem mit Drogen überschwemmte. Es war ein Teufelskreis, aus dem es kein Entrinnen zu geben schien. Auf der einen Seite Musiker, deren Leben jenseits der Bühne von Rassismus und der damit verbundenen Ausgrenzung dominiert war, auf der anderen Seite die Illusion der vor Lebenslust nur so strotzenden tanzenden und singenden Menschen auf den Bühnen der angesagten Jazzclubs. In einem Interview sagte Helen More darüber: »Es war, als würden sie (die Musiker) dieses Leben führen. Aber das stimmt wirklich nicht, wissen Sie? Du bewegst dich. Du singst. Und wirklich du selbst bist du nur, wenn du spielst, singst und dann alles vergisst. Du gehst und spielst … Man kann die Trauer in der Musik hören. Wenn man genau genug zuhört, kann man es hören.« Ablenkung und Hoffnung suchten viele in den überall präsenten Drogen, zurück blieben meist leere Hüllen, heruntergekommen und verwahrlost. Lee soll Blakey vor seinem ersten Schuss gefragt haben, wie lange das »High« anhalten würde. Der habe ihm zur Antwort gegeben: »Für immer!« Einige der Musiker konnten ihre Sucht halbwegs kontrollieren, Lee gehörte nicht dazu. Für ihn gab es kein Halten. Von den Drogen benebelt und ohne zu wissen, was mit ihm geschah, fiel Lee einmal mit dem Gesicht auf eine heiße Ofenplatte. Wäre er nicht von Freunden entdeckt worden, hätte er womöglich nicht überlebt. So blieben von dem Vorfall nur ein angesengtes Ohr und Narben zurück, die er mit seinen Haaren zu verdecken suchte.

Lee Morgan führte die Musik nach New York. Geboren wurde er am 10. Juli 1938 in Philadelphia als jüngstes der vier Kinder von Otto und Nettie Morgan. Otto war in Greenwood, South Carolina, aufgewachsen. Seine Eltern betrieben dort eine von ihnen gepachtete Farm. Als Soldat der US-Streitkräfte hatte er am Ersten Weltkrieg teilgenommen. Nettie hatte ebenfalls einen bäuerlichen Hintergrund, wie ihr späterer Ehemann war sie auf einer

Farm in Augusta, Georgia aufgewachsen. Unabhängig voneinander zogen sie Anfang der 1920er-Jahre nach Philadelphia. Die Stadt war zu dieser Zeit ein aufstrebender Industriestandort und zog viele schwarze Zuwanderer aus dem Süden an. Alle hofften sie, dort ein besseres Auskommen zu haben. Otto fand schnell eine Anstellung in einer metallverarbeitenden Fabrik. Nettie arbeitete als Haushaltshilfe. Beide lernten sich in Philadelphia kennen und lieben. Sie heirateten. 1928 kam ihre Tochter Ernestine zur Welt. Ihr folgten Otto Ricardo, James Henry und schließlich 1938 Edward Lee. Seine Mutter Nettie war die Einzige, die Lee bei seinem eigentlichen Vornamen Edward rief. Lee wuchs in der Madison Street auf, einer Straße, in der überwiegend irische, polnische und ukrainische Einwanderer lebten. Die Morgans waren die erste schwarze Familie. Mit der Zeit veränderte sich die Nachbarschaft, und es kamen immer mehr schwarze Familien hinzu. Wie viele seiner Nachbarn auch, hatte Otto zwei Jobs, um die Familie über Wasser zu halten. Seine Frau Nettie war im Viertel als hervorragende Köchin bekannt. Es gab immer genügend, sodass jeder, der vorbeikam, mitessen konnte. Sam McCoy, einer von Lees Klassenkameraden, erinnerte sich später, dass sie meist Soul Food kochte, wie viele, die aus dem Süden stammten. Es gab Schweinekoteletts mit Bohnen und Süßkartoffeln. »Aber ich mochte ihre Spaghetti am liebsten. Sie hat Spaghetti gemacht, wie ich sie noch nie zuvor gegessen habe.« Die Morgans waren im Viertel beliebt. Sie waren gläubig und arbeitsam.

Zu seiner Schwester Ernestine hatte Lee eine besonders enge Verbindung. Sie war zehn Jahre älter als er, und die beiden waren unzertrennlich. Ernestine schleppte ihn zu seinen ersten Jazzkonzerten, und obwohl er nicht richtig verstand, was dort vor sich ging, war er begeistert. In ihrem Elternhaus war Musik allgegenwärtig. Ernestine sang im Chor, James Henry spielte Klavier, dennoch kam es ihnen nicht in den Sinn, Berufsmusiker zu werden. Keiner außer Lee hatte eine Begabung, die über normale Musikalität hinausreichte. Lee war das, was man als Wunderkind bezeichnen könnte. Ernestine schenkte ihrem kleinen Bruder seine erste Trompete. Da war er zehn.

Er übte jeden Tag vier bis fünf Stunden und fiel bereits in der Highschool auf. Mit 18 Jahren spielte er für Dizzy Gillespie, zwei Jahre später für Art Blakeys Jazz Messengers. Lee spielte im Laufe seiner Karriere mit allen Größen der Jazzszene. Er war einer der begabtesten Jazztrompeter seiner Zeit, und nicht wenige sahen in ihm den neuen Louis Armstrong oder nannten ihn in einem Atemzug mit Miles Davis.

1967 lernte Lee in New York Helen More kennen. Als sich ihre Wege kreuzten, war er an einem absoluten Tiefpunkt angelangt und trat kaum mehr auf. Er war den Veranstaltern und Bandleadern zu unberechenbar geworden. Sie wussten nie, ob er zu dem vereinbarten Auftritt erscheinen würde. Die Sucht hatte ihn fest im Griff, das Geld von dem Verkauf der Rechte an »Sidewinder« war längst für Drogen draufgegangen. Lee, der immer sehr viel Wert auf Kleidung gelegt hatte, sah verwahrlost aus. Er hatte keine Wohnung, schlief bei Freunden und Bekannten. Hin und wieder auch auf der Straße. Mitten im Winter bei eisigen Temperaturen lief er mit Hotelpantoffeln und ohne Mantel herum. Er hatte alles mitsamt seiner Trompete in der Pfandleihe für ein paar Dollar versetzt. Lee und Helen trafen sich zum ersten Mal in Helens Wohnung. »Ich lernte Morgan durch Benny Green kennen, den Posaunisten, mit dem ich damals zusammen war. Benny hat ihn hierhergebracht. Ich sah ihn, und wir unterhielten uns. Und aus irgendeinem Grund war mein Herz bei ihm.« Helen hatte es sich zur Gewohnheit gemacht, nachts für die Musiker zu kochen. Wer wollte, konnte nach den Auftritten vorbeikommen. Essen, Trinken und Leute treffen. Einzige Bedingung: keine Drogen in ihrer Wohnung.

Helen More stammte wie Lees Eltern aus dem Süden. Sie wurde 1926 in Brunswick County, North Carolina, auf einer Farm in der Nähe von Shallotte jenseits des Cape Fear River geboren, etwa 40 Meilen von der Küstenstadt Wilmington entfernt. Die Familie war arm. Helen wuchs bei ihren Großeltern auf, ihre Mutter arbeitete in Wilmington als Hausmädchen und kam nur selten zu Besuch. Mit zwölf war Helen das erste Mal schwanger. Als ihr Sohn zur Welt kam, war sie 13. In Internetarchiven lässt sich ein Antrag auf eine Eheschließung mit einem 16-Jährigen aus der Nachbarschaft finden. Die Kinderehe kam jedoch nicht zustande. Bereits ein Jahr später bekam sie ein weiteres Kind. Ihre Mutter kam aus Wilmington und nahm Helen mit zu sich. Ihre beiden Kinder blieben bei den Großeltern auf dem Land. In der Stadt lebte Helen mit ihrer Mutter in einer kleinen Wohnung. Die Mutter arbeitete in den Häusern weißer Familien, und ihre Tochter war meist auf sich allein gestellt. Helen war 15 Jahre alt und vom Leben bereits desillusioniert.

Sie sah gut aus, hatte einen bronzefarbenen Teint und war nicht auf den Mund gefallen. Ihre Schlagfertigkeit kam bei den Burschen der Nachbarschaft gut an. Doch sie hatte kein Interesse. Wie sie später über diese Zeit sagte, hatte sie beschlossen, das Leben einer Jungfrau zu führen. 1942, Helen war inzwischen 17, lernte sie einen zweiundzwanzig Jahre älteren Mann kennen. Er war Bootleger und verkaufte schwarzgebrannten Alkohol. Zudem gehörte ihm ein illegales Pub in der Nachbarschaft. Helen war hin und wieder dort. Eines Nachts irrte sie sich in der Tür und landete versehentlich in seinem Büro. Der Tisch vor ihm war mit Bündeln voller Dollarnoten übersät. »Es war das meiste Geld, das ich je in meinem Leben gesehen habe«, wird sie später sagen. Dem Mann gefällt die junge Frau, die der Zufall hereinschneien ließ, und Helen »mochte das Geld«.

Wenige Monate später heiratete das ungleiche Paar. Doch schon bald stellte sich heraus, dass die Ehe alles andere als harmonisch verlief. Ihr Mann war ein Schläger und Säufer. Zwei Jahre später ertrank er im Rausch in der Badewanne. Böse Zungen werden behaupten, dass sie dabei etwas nachgeholfen haben könnte. Helen wird dieses Geheimnis wie so vieles fast ein halbes Jahrhundert später mit ins Grab nehmen.

Fest steht: Sie war 19 Jahre alt und Witwe. Ihr verstorbener Ehepartner stammte aus New York, und nachdem seine Verwandten in den Süden nach Wilmington gekommen waren, um sich um die Beerdigung zu kümmern, luden sie die junge Witwe ein, ein paar Wochen bei ihnen zu verbringen. Helen nahm die Einladung gerne an.

Die Familie ihres verstorbenen Mannes lebte in Hell's Kitchen in der 52nd Street zwischen der 9th und 10th Avenue. Der Aufenthalt dort gestaltete sich schwierig. Schon nach kurzer Zeit war Helen klar: Hier konnte und wollte sie nicht bleiben. Aber New York gefiel ihr. Sie suchte sich einen Job und eine Wohnung, gewöhnte sich schnell ein. Arbeitskollegen luden sie ein, mit ihnen in einen der vielen Clubs zu gehen, die es in der Innenstadt gab. Sie ließ sich nicht lange bitten. Helen gefiel die Atmosphäre und die Musik. Immer öfter tauchte sie nach der Arbeit dort auf. Nachdem die letzten Gäste das Lokal verlassen hatten, spielten die Bands für sich selbst und ihre Freunde weiter. Durch ihre neuen Bekannten konnte auch Helen bleiben und den Musikern bei ihren Jam-Sessions zuzuhören.

Helens Bekannte waren meist Drogendealer, die ihren Stoff an die Musiker verkauften. Sie, die selbst keine Drogen nahm, verwahrte das Heroin für sie. Alles fing damit an, dass ihr ein Dealer bei einer Razzia die Drogen zuschob. Ohne lange zu überlegen, versteckte sie das Päckchen in ihrer Handtasche. Keiner der Polizisten kam auf die Idee, dort nachzusehen. Helen sah zu gesund und zu normal aus. Eine der jungen Frauen aus den Büros, was sollte sie mit Drogen zu tun haben? Von da an arbeitete sie für die Dealer, und diese nutzten ihre Dienste gern, da sie wussten, Helen würde den Stoff nicht selbst verbrauchen. Bei ihr war er sicher. Als Gegenleistung bekam sie ein paar Dollar und war auch bei den After-Hour-Sessions ein gern gesehener Gast. Bei diesen Sessions lernte sie einige der Jazzmusiker kennen. Sie hörte aufmerksam den Gesprächen zu, hörte, wie sie über ihr Leben und ihre Frustrationen sprachen. Helen war überzeugt, dass sie Drogen nahmen, um zu vergessen. Was sie geschickt ausblendete, war die Tatsache, dass sie durch ihre Zusammenarbeit mit den Dealern die Situation der Musiker noch verschlechterte. Vermutlich auch aus diesem schlechten Gewissen heraus hatte sie es sich irgendwann angewöhnt, für alle zu kochen. Ihre Wohnung lag in der 53rd Street, nur einen Steinwurf vom legendären Birdland entfernt, einem der wohl berühmtesten Jazzclubs der Stadt. Ihre Beziehung zu Lee entwickelte sich zunächst langsam. Nach ihrer ersten Begegnung löste sie seinen Mantel aus dem Pfandhaus aus. »Er hatte nur eine Jacke. Ich sagte: ›Junge, es ist null Grad da draußen, und du hast nur eine Jacke an? …‹ Er hatte ihn für Drogen verpfändet. Ich sagte zu ihm: ›Na komm, ich hole deinen Mantel!‹ Er sagte: ›Du holst meinen Mantel?‹ Und ich sagte: ›Ja, und ich werde dir das Geld nicht geben! Weil du es vielleicht für Drogen ausgeben wirst. Wir holen den Mantel gemeinsam!‹« Helen war es, die dafür sorgte, dass er sich in eine Entzugsklinik einweisen ließ. Sie war es auch, die ihn von den heruntergekommenen Straßenjunkies fernhielt. Er zog zu ihr, und sie wurden ein Paar. Sie schaffte es, ihn wieder auf die Beine zu bringen, und wurde seine Managerin. Sie überzeugte die Clubmanager, ihn wieder zu engagieren. Lee war Helens Projekt geworden. Er spielte wieder, komponierte, nahm neue Musik auf. Die beiden waren unzertrennlich. Helen begleitete Lee zu jedem seiner Auftritte. Sie zogen in eine schöne neue Wohnung am Grand Concourse in der Bronx. Es waren gute Jahre. Irgendwann in dieser Zeit nahm Helen seinen

Familiennamen an. Sie nannte sich nun Helen Morgan, auch wenn die beiden nie offiziell verheiratet waren. In den USA nennt man dies »common-law marriage«.

Seine Sucht bekam Lee mit Methadon unter Kontrolle. Anfangs. Irgendwann begann er, Kokain zu nehmen. Wie zuvor das Heroin, spritzte er sich die Droge in seine Venen. Er war in dem Irrglauben, dass Kokain weniger gefährlich sei. Die Droge hielt ihn wach. Putschte ihn auf. Er lief tagelang durch die Straßen. Helen managte weiterhin seine Gigs, aber anders als früher begleitete sie ihn nicht mehr zu seinen Auftritten. Sie blieb zu Hause und wartete auf ihn. Sie begann sich zu fragen, ob dies die ersten Zeichen vom Ende ihrer Beziehung waren. Sie suchte die Schuld für diese Veränderung bei sich. Hatte sie sich zu sicher gefühlt und nicht jeden seiner Schritte wie zu Beginn ihrer Beziehung kontrolliert? Hätte sie ihm mehr oder weniger Freiheit lassen sollen? Dann wieder machte sie sich Vorwürfe: War es überhaupt Liebe, die sie beide verband? Oder war er nur ihr »Eigentum«, und sie hatte nun Angst, jemand könnte kommen und ihr diesen Besitz streitig machen? Als sie ihn kennengelernt hatte, war er dem Tode näher als dem Leben. Alles, was er war, war er nur dank ihr. Sie hatte ihn zurück auf die Bühne gebracht. Sollte dies alles nun nichts mehr wert sein? All die Zeit, die Mühe, die Tränen, die sie investiert hatte?

Sie machte ihm Vorwürfe. Immer häufiger kam es zu Streit. Helen sagte später, dass sie damit nur erreicht hätte, dass er noch länger von zu Hause fort war. Sie begann, ihm hinterherzuspionieren, und fand heraus, dass er eine Freundin hatte. Eine junge weiße Frau. Mit ihr schnupfte und spritzte er Koks, und danach hatten sie Sex. Für Helen brach eine Welt zusammen. Sie war es, die für ihn da gewesen war, als es ihm schlecht ging, und nun, als er wieder erfolgreich war, hängte sich diese »weiße Schlampe« an ihn.

Nach langer Zeit beschloss Helen, Lee wieder zu einem Auftritt zu begleiten. Dort traf sie auf die andere Frau. Als Helen auf die Toilette ging, folgte sie ihr. Sie bedrohte Helen, sie sollte besser vorsichtig sein. Es war das letzte Mal, dass Helen bei einem von Lees Auftritten dabei war. Sie kümmerte sich weiterhin um seine Geschäfte, und sie lebten immer noch zusammen. Doch die häusliche Situation eskalierte immer mehr: Hatte sie sich endlich durchgerungen, ihn zu verlassen, bettelte er sie an, doch zu bleiben. Blieb sie, setzte er sein Leben genauso fort, wie er es zuvor getan hatte, und betrog sie mit seiner neuen Freundin. Sie konnten nicht mehr miteinander leben, aber auch nicht ohneeinander.

Am Abend des 18. Februar 1972 hatte Lee einen Auftritt im Slug's, einer kleinen Bar in der Lower East Side. 1964 hatten sich die beiden Inhaber, der Journalist Robert Schoenholt und der Improvisationsschauspieler Jerry Schultz, der sich mit dem Verkauf von Versicherungen und Bibeln über Wasser hielt, bei einem Workshop zu Ehren des griechisch-armenischen Mystikers George Gurdjieff kennengelernt. Dabei war ihnen spontan die Idee gekommen, ein Pub zu eröffnen. Jeder von ihnen investierte 5000 Dollar, und sie übernahmen eine alte ukrainische Bar in der 242 East 3rd Street, zwischen Avenue B und C. Der Raum war ein lang gezogener Korridor, der sich am hinteren Ende weitete. Sie entfernten die hölzerne Wandverkleidung und warfen alles auf den Müll, was sie nicht brauchen konnten. Danach streuten sie Sägemehl über den ramponierten Fußboden und warteten auf Kundschaft. Den Namen Slug's entnahmen sie dem Buch ihres Idols Gurdjieff: *Beelzebub's Tales to His Grandson: All and Everything* aus dem Jahr 1950.

Anfangs war es nur eine Nachbarschaftsbar, leer bis auf Straßenverkäufer und ältere Barkeeper. Doch mit der Zeit entwickelte sich das Slug's zu einem in der Szene sehr beliebten und innovativen Veranstaltungsort. Wer guten neuen Jazz hören wollte, kam am Slug's nicht vorbei. Schultz sagte später über die Bar, dass man froh sein konnte, auf dem kurzen Weg vom Taxi zum Eingang nicht überfallen zu werden. Die schlechte Gegend hielt die Besucher aber nicht davon ab, in Scharen zu kommen. Offiziell war das Slug's für 75 Gäste zugelassen, meist hielten sich doppelt so viele Menschen darin auf. Kam es zu einer Razzia, verschwand die Hälfte durch den Hinterausgang.

Lee war einer der Musiker, die dort regelmäßig auftraten. Schultz kannte ihn noch aus der Zeit, in der es Lee schlecht ging, und hatte ihn auch dann engagiert, als er in den anderen Clubs längst abgeschrieben war. Lee hatte ihm das nicht vergessen, er trat auch jetzt immer noch gern bei Schoenholt und Schultz auf.

Helen war zu Hause in der Wohnung am Grand Concourse geblieben. Sie sagte später, sie hätten sich an diesem Tag wieder gestritten, und sie wollte ihn nun endlich verlassen – zumindest vorübergehend. Die Wohnung fühlte sich erdrückend an. Kurzfristig und entgegen ihrem eigenen Vorsatz beschloss sie, sich Lees Auftritt anzusehen. Sie nahm sich vor, nur kurz vorbeizuschauen und dann in einen anderen Club weiterzuziehen. Lee hatte eine Waffe. Helen nahm sie und packte sie in ihre Handtasche. Den ganzen Tag hatte es immer wieder geschneit, und die Straßen waren mit einer rutschigen Schicht aus Schnee und Eis überzogen. Als Helen das Slug's betrat, sah sie, dass auch Lees Freundin anwesend war. Zunächst schien alles friedlich zu verlaufen. Helen hörte zu und versuchte, so gut es ging das Mädchen zu ignorieren. Lee kam zu ihr, und die beiden unterhielten sich. Es kam zum Streit. Helen schlug Lee, und er warf sie aus der Bar. Sie lag auf dem Gehweg vor dem Lokal, es hatte wieder stärker angefangen zu schneien. Es war kalt, und sie hatte außer ihrer Tasche nichts dabei. Die hatte sich im Sturz geöffnet, und sie sah die Waffe. Helen stand auf und ging zurück in das Lokal.

Schultz beschrieb, was als Nächstes geschah: »Sie ging einfach auf ihn zu und sagte: ›Ich habe eine Waffe, ich werde dich töten.‹ Und er sagte: ›Bitch, du hast nicht einmal Kugeln für die Waffe.‹ … Sie ging raus … kam zurück, richtete die Waffe auf sein Herz und tötete ihn direkt an der Bar.« Helen beschrieb die Szene in ihren Erinnerungen etwas anders. Sie sagte, sie sah, wie Lee auf sie zustürmte, und alles, was sie in seinen Augen erkennen konnte war Wut, und dann drückte sie ab. Lee Morgan war 33 Jahre alt, als er auf dem Boden des Slug's langsam verblutete. Helen hatte sich über ihn geworfen und immer wieder geschrien, dass sie ihn liebte und dass er sie nicht verlassen dürfte. Wegen der schlechten Witterungsbedingungen dauerte es mehr als dreißig Minuten, bis die Ambulanz eintraf. Im Krankenhaus konnte in den frühen Morgenstunden des 19. Februar nur noch Lees Tod festgestellt werden.

Helen Morgan wurde nach sechs Monaten aus dem Gefängnis entlassen. Eine kurze Zeit hielt sie sich noch in New York auf, ehe sie, von den alten Freunden gemieden, schließlich wieder zurück nach North Carolina zog. Sie pflegte ihre Mutter, lebte im Haus ihres Erstgeborenen und wurde eine devote Christin. Nur ihre engsten Familienangehörigen wussten, was in New York geschehen war. Einen Monat vor ihrem Tod gab sie ihr einziges Interview. Bis zuletzt behielt sie den Namen Morgan.

Epilog

Ich werde immer wieder gefragt, wie ich zu den Fällen komme, über die ich schreibe. Ich habe keine richtige Erklärung. Sie sind einfach da. Ich weiß, diese Aussage ist frustrierend und unzufriedenstellend, aber sie ist wahr. Ich kann selbst nur schwer sagen, was mich an einem Fall so sehr interessiert, dass ich beginne, tiefer in die Materie einzusteigen. Vielleicht hilft die nachfolgende Geschichte. Das Ganze geschah vor ungefähr zehn Jahren. Anfang Januar 2014, vielleicht war es auch 2015. Ich kann mich nicht mehr genau erinnern.

Ich habe damals über den Tod eines 19-Jährigen in der Zeitung gelesen. Es war eine kleine Meldung im Lokalteil. Wirklich nichts Großes, höchstens fünfzehn bis zwanzig Zeilen. In dem Artikel zu seinem tragischen Tod stand, dass er Musik liebte. Er habe mit seinen Freunden Musik gemacht: Hip-Hop. Hin und wieder habe er als DJ gearbeitet. Nichts Besonderes, keine große Geschichte. Alles Dinge, die Tausende von jungen Leuten in seinem Alter machen. Sich mit Freunden treffen, am Computer spielen, ausgehen, Spaß haben.

Während ich hier sitze und diesen Epilog schreibe, tanzen Schneeflocken aus dem wolkenverhangenen grauen

Himmel New Yorks. Ich sehe sie von meinem Schreibtisch, wenn ich durch das Fenster hinausblicke. Unten auf dem Parkplatz sammelt sich der Schnee auf den Dächern der Autos. Es ist Januar, und wie damals bin ich erst vor ein paar Tagen aus Deutschland zurück in die USA gekommen. Im Hintergrund läuft Leonard Cohen: »It is four in the morning the End of December; I am writing you now to see if you feel better …«

Ich erinnere mich daran, dass ich damals, nachdem ich den Zeitungsartikel über den jungen Mann gelesen hatte, im Internet nach Bildern von ihm gesucht und tatsächlich seinen Instagram-Account gefunden hatte. Ich wollte mehr über ihn erfahren und habe mir die Bilder angesehen. Er lachte auf fast allen. Es waren Fotos von ihm und seinen Freunden. Sie alle trugen Kopfhörer, keine Earbuds, sondern diese großen, altmodischen, bei denen die Kopfhörermuschel das gesamte Ohr umschließt und die um diese Zeit wieder modern wurden. Ich fand damals auch ein Video, es war ein kurzer Clip. Der junge Mann hielt sich eine der Hörermuscheln ans Ohr. Ein Mädchen kam ins Zimmer. Sie ging auf ihn zu, sie umarmte ihn. Seine Freundin? Mag sein, ich weiß es nicht. Die beiden lachten, sie sangen und tanzten.

Zehn Jahre später versuche ich, seinen Account wiederzufinden, doch wo soll ich anfangen? Unter seinem Benutzernamen, den ich mir damals aufgeschrieben hatte und den ich wie durch ein Wunder in meinen Notizen wiederfinde – auf Instagram nannte er sich Trizzy Kidd –, ist nichts mehr zu finden.

Damals hatte Trizzy Weihnachten und den Jahreswechsel zu Hause bei seinen Eltern verbracht. Er hatte

Bilder davon auf seinem Account gepostet: von einem Tannenbaum, von glücklichen Menschen. Auf anderen Fotos sah man ihn draußen, aufgenommen irgendwo im Süden, mit viel Sonne. Das Licht war hell, fast grell. Er war mit seinen Cousins unterwegs. So stand es unter dem Bild. Alle lächelten. Sie trugen Shorts und T-Shirts mit kurzen Ärmeln. Und Flipflops.

Auf dem letzten Bild, das er gepostet hatte, saß er im Flugzeug. Es war ein Selfie. Stolz hielt er ein Glas Whiskey mit Eiswürfeln in seiner Hand. In New York ist die Abgabe von Alkohol an Jugendliche unter einundzwanzig verboten. Er glaubte wohl, der Whiskey würde ihn mit einem Hauch von Verwegenheit umgeben. Seht her, ich traue mich was. Er lächelte. Ein bisschen unsicher und schüchtern, aber er lächelte. Auf dem Selfie trug er eine Sonnenbrille. Er wollte cool sein, wie die meisten in seinem Alter. Als er das Bild im Flugzeug aufnahm, war er auf dem Weg zurück nach New York. Die Ferien neigten sich dem Ende zu, und das Semester sollte in wenigen Tagen beginnen.

In dem Artikel in der Zeitung hieß es, der Junge sei am Abend nach seiner Ankunft im Studentenwohnheim in den Aufzug gestiegen. Zeugen sagten aus, er habe den Knopf zum obersten Stockwerk gedrückt. Abgesehen von seiner Sonnenbrille sei er nackt gewesen. Sie sagten den Journalisten, sie hätten sich gewundert, da die Temperaturen draußen den Gefrierpunkt erreicht hatten. Er habe nicht auf sie reagiert. New York ist voll mit Verrückten, am besten, man lässt sie in Ruhe. Die Zeugen sagten, sie hätten den Aufzug in der sechsten Etage verlassen. Der Junge stieg im obersten Stock aus. Danach muss er die Treppe zum Dach hochgestiegen sein. Auch damals fielen Schneeflocken vom Himmel. Das Dach des Studentenwohnheims war flach und mit Schnee bedeckt. Durch die Pilotenbrille muss der Schnee wie schimmernder weißer Sand am Strand ausgesehen haben. Sie fanden seinen leblosen Körper unten auf dem Gehweg. Die Zeitung hätte normalerweise nicht über seinen Tod berichtet, aber da er an einem renommierten privaten College studiert hatte, war er ihnen die kleine Notiz wert.

Mich hat diese Geschichte berührt, weil er genauso alt war wie meine Söhne. Auch wenn er nicht mehr im Internet zu finden ist, möchte ich nicht, dass er vergessen wird. Ich glaube, solange es Menschen gibt, die an einen denken, lebt man weiter.

Ungefähr zur gleichen Zeit habe ich zum ersten Mal über den Tod Lee Morgans gelesen. Ich habe mir sein Album *Sidewinder* angehört, und es hat mich nicht mehr losgelassen, so wie mich Trizzy Kidd nicht mehr losgelassen hat. Hätte Trizzy Kidd die psychedelischen Pilze nicht genommen, wäre er vermutlich nicht vom Dach gesprungen. Auch Lee Morgan starb inmitten eines Schneesturms. Hätte die Ambulanz nicht dreißig Minuten gebraucht, um zum Tatort zu gelangen, hätte Lee überlebt. So hat er nur die Musik zurückgelassen. Beiden Fällen, Trizzys und Lees, ist gemeinsam, dass ich Jahre auf den richtigen Moment gewartet habe, um sie niederzuschreiben. Häufig führt eine Geschichte zur anderen.

Auf Carl Panzram bin ich nur gestoßen, weil ich mit Freunden auf einem Segelturn war und sie mir abenteuerliche Geschichten vom Execution Rock erzählt haben.

Natürlich wollte ich wissen, ob es die Hinrichtungen auf dem Felsen wirklich gegeben hat. Eine kurze Recherche bei der Historical Society Larchmont hat genügt, um zu erfahren, dass es sich dabei um eine *urban legend* handelt. Aber durch die Artikel, die ich las, bin ich auf Carl Panzram aufmerksam geworden.

Der Mord an Stanford White und sein Verhältnis zu Evelyn Nesbit sind hier in New York immer noch sehr bekannt. Es erstaunt mich, dass die Geschichte es nicht über den Atlantik geschafft hat. Ich bin unzählige Male an der Bibliothek auf dem alten NYU-Campus in der Bronx vorbeigegangen. Als Architekt gehört White mit Sicherheit zu den ganz Großen, seine Gebäude sind monumental, und trotzdem haben sie eine unglaubliche Leichtigkeit. Sein Verhalten gegenüber seinen extrem jungen Geliebten war mehr als fragwürdig. Sicherlich hatte er irgendwo in seinem Inneren das Gefühl, etwas wiedergutmachen zu müssen, wie sonst lässt es sich erklären, dass er viele von ihnen auch nach dem Ende der Liebschaft weiter finanziell unterstützte. Entschuldigt das den Missbrauch? Nein! Der Missbrauch war schrecklich, und White hätte dafür zur Verantwortung gezogen werden müssen. Hat er verdient, dafür ermordet zu werden? Auch hier ist die Antwort Nein. Harry Thaw war nicht der selbstlose Rächer, der tötete, um die Ehre seiner Frau wiederherzustellen. Evelyn Nesbit war ihm ziemlich gleichgültig.

Was mir bei meinen Recherchen immer wieder auffällt, ist, wie sich das Narrativ im Laufe der Zeit verändert. Als ich vor ungefähr zehn Jahren anfing, über Lee Morgan zu recherchieren, waren überwiegend

Versionen der Ereignisse, wie sie von Zeugen berichtet wurden, im Netz zu finden. Mittlerweile gibt es einen Dokumentarfilm vom schwedischen Filmemacher Kasper Collin mit dem Titel *I Called Him Morgan*. Als der Film 2016 erschien, habe ich meine Unterlagen zur Seite gelegt, der Fall war auserzählt. Für dieses Buchprojekt habe ich sie wieder hervorgeholt. Als ich erneut zu recherchieren begann, hatte sich das Narrativ um Morgans Tod verändert: Überall stieß ich zuerst auf die Quellen des Films, die Stimmen einiger Augenzeugen verblassten, und die Version von Helen More ist stärker in den Vordergrund gerückt.

Ruth Snyders Schicksal und ihre Behandlung durch die Presse machen mich immer noch wütend. Ja, sie war am Tod ihres Mannes beteiligt. Inwieweit, weiß nur sie selbst. Dennoch bleibt die Frage, ob es erlaubt sein kann, einen Menschen vorzuverurteilen und seine Version der Ereignisse völlig außer Acht zu lassen. Ich finde es furchtbar, wie alles, jedes kleinste Detail, in diesem Fall an die Öffentlichkeit gezerrt wurde, wie Zeitungen mehr über ihre Kleidung als über den Mord berichteten und wie ihr dann auch noch der letzte private Augenblick durch das illegal geschossene Bild in der Sekunde ihres Todes genommen wurde. Ich finde, es hat etwas von Leichenfledderei. Der Fotograf, der die Aufnahme machte und seine ganze Karriere auf diesem Bild aufbaute, behauptete, sie habe ihm als Letztem in die Augen geblickt, ehe ihr die Kapuze über den Kopf gezogen wurde. In seiner Version der Geschichte hat er diesen letzten Blick als stilles Einverständnis gewertet. Ob dem so war, überlasse ich dem Urteil meiner Leser*innen.

Warum Geschichten über Verbrechen? Ich glaube nicht an ein Schwarz oder Weiß, an ein Gut oder Böse. Kein Mensch kommt böse zur Welt, und egal was jemand macht, bleibt er dennoch Mensch. Viel mehr als der Gedanke an Vergeltung und Rache, denn genau das steckt auch hinter Strafe, treibt mich das Interesse an, Menschen wie Carl Panzram oder Hans Schmidt zu verstehen. Ich möchte wissen, was sie zu dem gemacht hat, der sie sind.

Verstehen Sie mich nicht falsch: Die Aufklärung einer Tat ist mit Sicherheit interessant. Aber viel interessanter ist die Frage, was überhaupt zu dieser Tat führte. Und was wir, was jeder Einzelne in seinem Leben tun kann, um ein solches Scheitern, denn es ist nichts anderes als das, zu verhindern.

Ich glaube nicht, dass einer böse geboren wird, er wird dazu gemacht. Ich bin allerdings auch davon überzeugt, dass jeder von uns jederzeit einen anderen Menschen töten könnte. Dieses Vermögen tragen wir seit dem Tag unserer Geburt in uns. Es liegt an uns, zu verhindern, dass das Ungeheuer ans Tageslicht zu kommen. Ich bin ein absoluter Gegner der Todesstrafe. Ich glaube fest daran, dass niemand das Recht hat, einem anderen Menschen das Leben zu nehmen, egal wie verwerflich dessen Taten gewesen sein mögen. Wenn wir es zulassen, dass ein Mensch im Namen des Volkes, also in unser aller Namen, hingerichtet wird, machen wir uns mit kaltblütigen Mördern gleich. Jeder hat das Recht, gehört zu werden, und jeder hat das Recht auf Vergebung. Denn jeder kam eines Tages unschuldig auf diese Welt. Der junge Wachmann Henry Lesser hat Panzram die Hand gereicht, er hat versucht, ihn zu verstehen, und er hat ihm Empathie und Liebe gezeigt. In meinen Augen ist er ein Held.

Ich wünsche mir, mit meinen Geschichten zum Nachdenken anzuregen. Wo ich sie finde und wo sie sich ereignet haben, ob in Deutschland oder den USA, ist zweitrangig. Überall auf der Welt gibt es Schicksale, die bewegen. Weder die Zeit noch der Ort spielen eine Rolle. Es geht nicht um die Tat als solche, sondern um die Menschen, die Opfer waren, und um jene, die zu Tätern wurden. Wie jene Jugendlichen, die über den Tod von Alleen Rowe Bescheid wussten und geschwiegen haben. Was macht sie besser als Charles Schmid? Dass sie nicht selbst getötet haben? Vielleicht hätte ihre Aussage bei der Polizei das Leben von Gretchen und das ihrer Schwester Wendy gerettet? Alles, was um uns herum geschieht, hinterlässt Spuren. Nichts kann ungeschehen gemacht werden, und nach einer Tat wird nichts jemals wieder so sein, wie es zuvor war.

Larchmont, 12. Januar 2024

Andrea Maria Schenkel

Andrea Maria Schenkel, geboren 1962, gilt als eine der renommiertesten Krimiautorinnen Deutschlands. 2006 erschien ihr Debüt *Tannöd* – ein Überraschungserfolg, mit dem sie großes Aufsehen erregte: Der Roman wurde mit dem Deutschen Krimipreis, dem Friedrich-Glauser-Preis und dem Martin Beck Award, dem schwedischen Krimipreis für den besten internationalen Kriminalroman, ausgezeichnet. Die Startauflage betrug 1000 Exemplare – der Roman verkaufte sich über eine Million Mal, wurde in zwanzig Sprachen übersetzt und fürs Kino verfilmt. Für ihr zweites Buch *Kalteis* (2007) erhielt Schenkel zum zweiten Mal in Folge den Deutschen Krimipreis. Zuletzt erschienen *Bunker* (2009), *Finsterau* (2012), *Täuscher* (2013), *Als die Liebe endlich war* (2016), erstmals ein Roman jenseits des Krimigenres, sowie *Der Erdspiegel* (2023). Schenkel hat drei erwachsene Kinder und lebt in Regensburg und in Larchmont, einem Vorort von New York. Nach Abschluss ihres Masterstudiums ist sie derzeit Doktorandin am CUNY Graduate Center im Bereich Vergleichende Literaturwissenschaften. Im Rahmen ihrer Ausbildung unterrichtet sie am CUNY John Jay College of Criminal Justice der City University of New York. Andrea Maria Schenkel schreibt nicht nur Romane, sondern auch regelmäßig für ZEIT Verbrechen.

KAMPA VERLAG

Andrea Maria Schenkel
Der Erdspiegel

Roman

Ein Serienmörder aus einem kleinen Ort bei Regensburg.
Historisch verbürgt, zum ersten Mal erwähnt um 1811.

Gemeinhin glauben die Leute, was der Bichel sagt. Er redet wie ein gelehrter Mann – und ist doch nur ein einfacher Viehhändler. Aber der Bichel kann erzählen. Diese
Gabe ist nicht jedem gegeben. Der Bichel versteht es, die
Leute in seinen Bann zu ziehen. Einen magischen Spiegel soll er besitzen, so hört man. Darin könne man geliebte Menschen sehen. Und der Spiegel sage einem die
Zukunft voraus. Nur über den Erdspiegel sprechen dür-
fe man nicht! Seine Kritiker schimpfen den Bichel einen
Menschenfänger, doch die meisten glauben ihm, wollen
ihm glauben, dass sie ein besseres, ein leichteres Leben
verdient haben. Die meisten – das sind junge Mädchen,
hübsche und fleißige Töchter armer Tagelöhner. Sie mögen naiv und leichtgläubig sein, aber sie haben Träume.
Bis eine nach der anderen plötzlich verschwindet …

»Andrea Maria Schenkel hat den Krimi
für Deutschland neu erfunden.«
Die Zeit